LEONIE LUTZ · ANIKA OSTHOFF

Begleiten statt verbieten

Leonie Lutz · Anika Osthoff

Begleiten statt verbieten

Als Familie kompetent und sicher in die digitale Welt

KÖSEL

MIX
Papier | Fördert gute Waldnutzung
FSC® C083411
www.fsc.org

Penguin Random House Verlagsgruppe FSC® N001967

4. Auflage 2025

in der Penguin Random House Verlagsgruppe GmbH,
Neumarkter Str. 28, 81673 München
produktsicherheit@penguinrandomhouse.de
(Vorstehende Angaben sind zugleich Pflichtinformationen nach GPSR)

Redaktion: Dr. Daniela Gasteiger
Umschlag: zero-media.net, München
Umschlagmotiv: FinePic®, München
Satz: Satzwerk Huber, Germering
Druck und Bindung: CPI books GmbH, Leck
Printed in the EU
ISBN 978-3-466-31186-6
www.koesel.de

Inhalt

Vorwort

Als wir im Frühjahr 2020 innerhalb von fünf Wochen den Bildungs-Hackathon #wirfürschule an den Start gebracht haben, hatten wir keine Vorstellung davon, was aus diesem Projekt werden würde. Dass beim Hackathon über 6000 Lehrer:innen, Schüler:innen, Eltern und Bildungsenthusiast:innen gemeinsam an Projekten für die Schule von morgen arbeiten wollten, hat uns überwältigt. Dass ich heute, zwei Jahre später, ein Buch in der Hand halte, das auf diesen Hackathon zurückgeht, hätte ich nie erwartet!

Anika Osthoff und Leonie Lutz haben bei #wirfürschule teilgenommen und der gemeinsame Wunsch, in der digitalen Bildung etwas zu bewegen, hat sie nicht mehr losgelassen. Nach dem Lehrkräfte-E-Book »Schüler digital begleiten« haben sie nun dieses Buch geschrieben, in dem Eltern lernen können, wie sie ihre Kinder in der digitalen Welt am besten unterstützen.

Dieses Buch setzt genau dort an, wo die Debatte in Familien rund um »Screentime und Tablets für Kinder – ja, oder nein?« oft zu kurz springt. Es geht nicht um das Ob, sondern um das Wie. Es geht nicht darum, *ob* unsere Kinder Zugang zu digitalen Medien erhalten – das tun sie eh. Sondern es geht, darum, *wie* sie die Zeit an Geräten nutzen. Meine Überzeugung ist, dass wir unseren Kindern die Chance geben müssen, digitale Gestalter:innen der Welt von morgen zu werden. Denn Stand heute sind sie oft vor allem digitale Konsumenten: Jedes Kind kann heute Youtube-Videos schauen, Games spielen oder Podcasts hören. Wir müssen sie dabei unterstützen, dass sie diese Videos selber drehen, die Spiele selber programmieren, die Podcasts selber produzieren können.

Digitale Kompetenzen sind keine »*Zusatz*-Kompetenzen«, sondern die Grundlage für gesellschaftliche Teilhabe in der Zukunft. 65 Prozent der heutigen Grundschulkinder werden später in Berufen arbeiten, die wir heute noch nicht kennen. Unsere Prämisse als Eltern, als Lehrerinnen und Lehrer und Schul-Macher:innen muss deshalb sein, unsere Kinder zu allererst zu befähigen, selbstständig zu lernen. Sie müssen sich in der sich schnell verändernden digitalen Welt selbst zurechtfinden und sich die Programme und Werkzeuge aneignen können, die sie morgen brauchen.

Eines ist mir bei diesem Buch wichtig zu betonen: Digitale Bildung gehört zu allererst in die Schulen – denn sie sollte nicht vom Elternhaus abhängen. Deshalb braucht es Platz im Curriculum für digitale Bildung, es braucht Fortbildung für Lehrkräfte und mehr Experimentierfreude im Unterricht. Diese Schulen von morgen müssen wir gemeinsam gestalten. Und natürlich müssen wir bis dahin – und darüber hinaus – unsere Kinder in ihren Familien zu Hause unterstützen.

Dieses Buch ist dafür eine echte Handlungsanweisung: Es ist reich an Ideen und damit ein vielschichtiger Ratgeber, wie wir als Eltern unseren Beitrag leisten können. Unseren Beitrag dafür, dass unsere Kinder digitale Gestalter:innen der Welt von morgen werden.

Viel Spaß beim Lesen und Ausprobieren!

Eure
Verena Pausder

Über uns

Wir sind Leonie und Anika und haben uns online kennengelernt. Bis zum Erscheinen dieses Buches sind wir uns nicht im analogen Leben begegnet. Dieses Buch entstand in einer Cloud, ausgetauscht haben wir uns über Sprachnachrichten, Mails, Online-Pinnwände und Videocalls. Alles digital, und doch halten Sie dieses Buch vermutlich in Papierform in Ihren Händen – falls Sie sich nicht fürs E-Book entschieden haben oder uns gerade zuhören. **Unsere Arbeitsweise zeigt, wie wir digitale Medien sehen: als hilfreiche Werkzeuge für wunderbare Projekte.** Daraus kann sogar ein Buch entstehen.

Unsere Onlinefreundschaft begann vor etwa zwei Jahren auf Instagram. Anfangs teilten wir viele Gedanken zum Thema Kinder und digitale Medien, weil uns das gleichermaßen am Herzen lag – und liegt. Als Lehrerin an einer digitalen Modellschule in Nordrhein-Westfalen kennt Anika einerseits die medialen Stolpersteine der Kinder und Jugendlichen, setzt andererseits aber mehr und mehr auf den Einsatz von digitalen Geräten und Tools, um ihre Klassen auf die Zukunft vorzubereiten. Leonie ist Redakteurin, war Digitalberaterin fürs Fernsehen und hat viele Jahre Apps und Anwendungen nicht nur aus Nutzersicht, sondern auch hinter den Kulissen kennengelernt. Heute bloggt sie unter MiniMenschlein.de zu Familienthemen und coacht seit 2018 mit ihrem Programm »Kinder digital begleiten« Eltern, pädagogisches Personal und Lehrkräfte in Onlinekursen, Workshops und Vorträgen.

Gemeinsam mit anderen Eltern, Lehrerinnen und Lehrern, Bildungsinteressierten und Jugendlichen nahmen wir 2020 am Hackathon »Wir für Schule« teil. »Wir für Schule« ist eine Initiative von Verena Pausder und gleichzeitig Netzwerk, Ideen- und Projektschmiede. Beim Hackathon arbeiten alle Teilnehmenden in Kleingruppen an Ideen, wie Schule neu gedacht und weiterentwickelt werden kann. Nach der gemeinsamen Projektwoche mit vielen Impulsen waren wir hoch motiviert: Wir wollten weitermachen, dranbleiben, verändern. Denn mit insgesamt vier eigenen Kindern im Alter zwischen sechs und achtzehn Jahren kennen wir digitale Medien nicht nur durch unsere berufliche Brille, sondern auch als Mütter nur zu gut. Mit *Schüler digital begleiten* schrieben wir zunächst ein E-Book für Lehrkräfte, das seit dem Frühling 2021 an vielen Schulen zum Einsatz kommt. Wir wollten aber auch die Eltern erreichen. **Digitale Medien sind zwar Teil jedes Familienalltags, trotzdem gibt es oft eine Kluft zwischen den Lebenswelten von Eltern und Kindern.** Das kommt uns mit Blick auf unsere eigene Kindheit und Jugend ziemlich bekannt vor: Auch unsere Eltern wussten teils nicht, wie man mit einem Gameboy umgeht, wo der Reiz von Tamagotchis liegt oder wieso wir unbedingt ein Nokia-Handy wollten. Dabei waren die Möglichkeiten in den Anfängen mobiler Geräte, als SMS noch Kurzmitteilungen hießen, im Vergleich zu heute noch überschaubar. Das änderte sich mit der Einführung des ersten iPhones im Herbst 2007 und dem ersten Android-Smartphone ein Jahr später. Die digitale Entwicklung zog rasant an – bis heute. Bildschirme sind Teil unseres Lebens und auch aus dem unserer Kinder kaum noch wegzudenken.

Damit stehen wir vor einer fundamental anderen Lebenswelt unserer Kinder, die Einfluss auf ihr Sozialleben, ihre Art der Kommunikation und ihre Freizeitgestaltung hat. Freud und Leid werden überall geteilt, einige Kinder sind immer und jederzeit erreichbar – sowohl für Freunde als auch für Fremde. Und diese digitale, hypervernetzte Welt ist keine pubertäre Laune, die irgendwann vergeht. Deshalb müssen unsere Kinder lernen, verantwortungsbewusst mit ihr umzugehen.

Auch wenn wir an der ein oder anderen Stelle gemischte Gefühle dabei haben, werden sich neue, digitale Technologien unweigerlich auf unsere ganze Familie auswirken. Sie können uns bestenfalls unterstützen und stärken. In jedem Fall sind sie prägend für unsere Kinder, ihre Berufung und Berufe. Wir wissen zwar noch nicht, was die Zukunft konkret bringt, wir wissen aber schon: Ideen werden wir brauchen. Und Menschen, die Technologien gestalten. Daher dürfen wir unbedingt den Nutzen der Digitalisierung suchen und genau hinschauen, wo sie hilft und welche Rolle unsere Kinder dabei spielen. Über sie wird viel zu wenig gesprochen. Dabei sind sie diejenigen, die in dieser neuen Welt leben und arbeiten werden.

Es ist also fundamental wichtig, dass Kinder sich auskennen, dass sie erkennen, wie wunderbar Mitmachen im Digitalen sein kann, was das überhaupt bedeutet, wie sie ins Tun kommen und zu Gestaltern werden. Hierfür braucht es einfache, leichte und verständliche Medienerziehung – auch und insbesondere zu Hause. Dazu finden Sie in diesem Buch viele Anregungen, um sich mit Ihren Kindern einfach mal ein bisschen auszuprobieren.

Wir machen Sie fit für die digitale Begleitung und erklären, warum Verbot und Kontrolle überhaupt nicht angebracht sind. In Teil I des Buches widmen wir uns wichtigen Zukunftskompetenzen, die Ihr Kind mit digitalen Medien kennenlernen darf. Wir vernachlässigen aber keineswegs die Gefahren und Risiken im Internet. Wie Sie Ihr Kind online besser schützen können, darum geht es in Teil II.

Wir wünschen uns, dass jedem Kind Teilhabe an digitalen Medien ermöglicht wird, Medienkompetenz in Schule wie Kita eine tragende Rolle spielt und unsere Kinder auf die Welt von heute und morgen vorbereitet werden. Wir wünschen uns, dass die Bildungspolitik den Kreidestaub aus den Klassenzimmern pustet und neue Ansätze und Ideen zulässt, wie unsere Kinder einen reflektierten Umgang mit Medien lernen können.

Wir glauben, dass Medienerziehung Teil von moderner Elternschaft ist, weil unsere Kinder auf die damit verbundenen Kompetenzen ein Leben lang zurückgreifen werden. Um Medienerziehung innerhalb der Familie umzusetzen, brauchen Eltern Wissen, Hintergrundinformationen und Anregungen für Begleitung: Wissen über die positiven Aspekte digitaler Medien, Hintergründe über Kompetenzen, die unsere Kinder in ihrem beruflichen Leben benötigen werden, und Anregungen für Begleitung, damit Kinder vor Gefahren und Stolpersteinen im Netz besser geschützt sind.

Lassen Sie sich also auf das Abenteuer **Begleiten statt verbieten** ein. Versuchen Sie es mit Unterstützung statt absolutem Verbot, denn Letzteres erreicht ohnehin meist nur das Gegenteil. Stellen Sie sich einmal vor, Ihre Kinder dürften nicht in die Natur, nur weil sie dort dreckig werden oder sich verletzen könnten. Dann erscheint uns die Welt draußen nur noch gefährlich und wir sehen ihre wunderschönen Seiten nicht. So ist das auch in der Onlinewelt. Wenn wir sie nicht ausprobieren, kreativ nutzen und gemeinsame Erfahrungen sammeln, verpassen wir die guten Seiten.

Begleitung ist im digitalen Raum ebenso wichtig wie in der analogen Welt. Sie stoßen Ihr Kind ja auch nicht ins Wasser, wenn Sie möchten, dass es schwimmen lernt. Dann buchen Sie vermutlich sogar einen Schwimmkurs. Sie üben mit Ihrem Kind, weil Übung das Allerwichtigste ist, um im Wasser geschützt zu sein. Das Seepferdchen zu besitzen ist toll, aber wirklich sicher bewegen sich Kinder danach häufig noch nicht beim Schwimmen. So ist das auch im Digitalen. Auch hier brauchen Kinder unsere Unterstützung, auch hier dürfen wir üben. Dabei werden Fehler passieren. Das ist sehr wichtig, weil Fehler immer auch für Chancen und andere Perspektiven stehen: Wir erkennen, woran wir noch mehr arbeiten können und entdecken neue Dinge.

Und nun wünschen wir Ihnen viel Freude mit unserem Buch!

Einleitung: Eine Reise in die digitale Welt

> Ich sitze im Onlineunterricht vor meiner Klasse, mitten im Corona-Lockdown. Alle haben Texte über ihre Mediennutzung geschrieben. Plötzlich fällt dieser Satz: »Und wenn meine Mama dann findet, dass ich lange genug gespielt habe, sagt sie: ›Mach aus, sonst werden deine Augen viereckig.‹« Interessant, denke ich, dass es das immer noch gibt. Auch in meinem Alter haben diesen Ausspruch alle gehört und geben ihn offensichtlich an die nächste Generation weiter.
>
> *Anika*

Erinnern Sie sich an die viereckigen Augen als »Argument« vielleicht auch Ihrer Eltern? Sie symbolisieren etwas, das bis heute den Umgang mit Medien in manchen Familien prägt: Angst. Diese Angst kann einerseits für mehr Schutz und Umsicht stehen. Andererseits ist sie häufig nicht greifbar und auch ein Stück weit unrealistisch. Viereckige Augen? Ist klar. Niemand glaubt wirklich daran. Wovor wir eigentlich Angst haben und woher unser komisches Gefühl kommt, wenn unsere Kinder Medien nutzen, wird aber nicht konkret benannt. Dennoch prägt das unsere familiäre Medienerziehung maßgeblich.

Wo also fängt die Angst an? Vermutlich nicht, wenn unsere Kinder ein Hörspiel hören. Auch nicht, wenn wir selbst im Netz surfen. Digitale Elemente werden von den allermeisten Familien heute geschätzt.

Der gemeinsame Familienplaner erleichtert uns die Koordination aller Termine. In die Einkaufs-App tragen wir ein, was im Kühlschrank fehlt. Der E-Book-Reader ist nicht nur für den Urlaub superpraktisch. Über WhatsApp-Gruppen bleiben wir mit allen verbunden, die nicht bei uns leben. Musik und Hörspiele laufen über den Bluetooth-Lautsprecher. Und selbst so manche Bluetooth-Zahnbürste macht Zähneputzen zum (digitalen) Event. All diese Dinge, oder zumindest einige davon, sind in vielen Familien gängig und werden selten hinterfragt. Weil sie willkommene Erleichterungen im stressigen und pickepackevollen Familienalltag sind.

Ein komisches Gefühl stellt sich häufig erst ein, sobald unsere Kinder digitale Medien nutzen: Wenn sie Onlinespiele spielen, chatten oder irgendwas tun, das wir überhaupt nicht verstehen. Viereckige Augen, das wissen wir bereits, treten gewiss nicht ein. Aber ihre Symbolkraft ist so stark, dass sie als Argument aufkommen, wenn andere Argumente fehlen.

In unserer Arbeit mit Eltern erleben wir jeden Tag, dass es verschiedene Ängste gibt, die sich beim Thema Kinder und digitale Medien einstellen. Das ist vollkommen nachvollziehbar. Sorgen und Ängste sind häufig irgendwie begründet. Weil wir etwas selbst erlebt oder von Freunden erfahren haben; weil wir Kinder kennen, die für unser Empfinden zu lang im Netz abhängen, oder wir durch Erlebnisse, Nachrichten und Reportagen sensibilisiert wurden. Und so groß unsere Sorge auch sein mag – sie hat stets etwas Positives: Wenn wir sensibilisiert sind, schauen wir genauer hin.

Wenn sich Ängste jedoch vage, undeutlich und riesengroß anfühlen, müssen wir ihnen begegnen. Sie müssen greifbar werden. Das funktioniert, wenn Eltern ein Grundwissen über Gefahren und Risiken, aber auch und vor allem Kenntnis von positiven Inhalten im Netz haben. Nur so kann ein realitätsnahes, verantwortungsvolles und konstruktives Erziehungskonzept entstehen – ohne zu viele Regeln, Kontrollen und Strafen, rigide Zeitbeschränkungen oder gar Medienentzug.

Digitale Begleitung oder Medienerziehung muss wertschätzend auf Augenhöhe stattfinden. Je nach Alter der Kinder kann das zu einer großen Herausforderung werden, weil insbesondere Jugendliche heute viel mehr digitales Wissen als ihre Eltern haben. Doch genau hier ist Augenhöhe der Schlüssel, denn: Man darf auch voneinander lernen. Eltern brauchen nicht immer einen Wissensvorsprung, um ihre Kinder gut begleiten zu können. Bis auf eine Ausnahme: Über Gefahren und Risiken müssen Eltern unbedingt informiert sein. Hier hilft ein Wissensvorsprung ungemein, auch, um gegen Ängste anzugehen.

Sie werden nach der Lektüre dieses Buches beides kennen: kreative, gemeinschaftliche, produktive und soziale Wege für Digitalität in Ihrem Familienalltag und auch die Bereiche, in denen Kinder mehr Schutz und Begleitung brauchen.

Schauen wir zunächst einmal auf die Ängste. Vielleicht erkennen Sie sich in der ein oder anderen Beschreibung wieder.

»Hilfe, mein Kind hängt nur am Bildschirm!« – oder: Die Angst, dass alles, was am Bildschirm stattfindet, passiv wahrgenommen wird.

Bildschirmzeit bedeutet in der Tat, dass Kinder sich währenddessen nicht bewegen. Die Weltgesundheitsorganisation knüpft ihre offiziellen Medienzeit-Empfehlungen, die wir auch im Kapitel *Ein schützender Rahmen* besprechen, zum Beispiel genau daran, an Bewegung. Was wir als Eltern aber manchmal nicht sehen, ist, dass Kinder das digital Erlebte im analogen Raum nachspielen und durchaus gedanklich weiterverfolgen. Möglicherweise bewegen sie sich im Anschluss an die Serie oder das Spiel, sie ahmen ihre Vorbilder nach oder zeichnen stundenlang ihre liebsten Animé-Charaktere. Sofern es sich um wertvolle oder altersangemessene Inhalte – oder Content, wie man im Internet-Sprachgebrauch sagt – handelt, spricht nicht per se alles dagegen, Serien oder Onlinegames zu konsumieren. Wir sagen: Die Mischung macht's.

»Hilfe, mein Kind will nicht mehr lernen und verschlechtert sich in der Schule!« – oder: Die Angst, digitale Geräte und ihre Anwendungen könnten unsere Kinder dahingehend schädigen, dass sich ihre Kreativität und Bereitschaft zum Lernen verringert.

Spätestens seit den Schulschließungen während der Corona-Pandemie ist zumindest an einigen Schulen klar geworden, dass Digitalität und Lernen sehr gut zusammen funktionieren können.

> An unserer digitalen Modellschule ist der Einsatz unserer Schülertablets und verschiedener Apps, Tools und Programme in den letzten Jahren zur Selbstverständlichkeit in jedem Fachunterricht geworden. Auch schon vor Corona. Nach anfänglicher Skepsis und Sorge um die guten, alten Kulturtechniken haben wir schnell gemerkt: Digitalität kann, wenn sie zielführend eingesetzt wird, analogen Unterricht unglaublich bereichern. Dann schafft sie einen Mehrwert, der Lehr- und Lernprozesse voranbringt, sie vereinfacht oder auch komplexer macht – in jedem Fall aber motivierender gestaltet.
> *Anika*

Wir sorgen uns, dass sich die Lernbereitschaft unserer Kinder durch digitale Geräte verringert. Könnte es aber nicht auch sein, dass sie damit einfach anders lernen? Apps wie »Anton«, »Lazuli« oder »simpleclub« für Jugendliche sind gute Bildungsangebote, mit denen das Rechnen und Schreiben Spaß macht, weil grundlegende Dinge in der eigenen Lebensrealität erklärt und verstanden werden. Es kommt also sehr darauf an, welche Inhalte Kinder im Netz nutzen. Und mit dem »Netz« meinen wir nicht nur Angebote, die man im Internet findet, sondern auch Apps, die durchaus pädagogisch wertvoll sein können. Die App »simpleclub« hat im Winter 2021 übrigens an einer Schule in

Rostock ein Pilotprojekt gestartet: Die Oberstufe der Pilotschule erhält über einen Zeitraum von zwei Jahren Vollzugang zur App, um sie gemeinsam mit der Schulfamilie für die Nutzung im Unterricht zu optimieren. Die digitalgestützten Lerninhalte können einerseits im Schulalltag und im Unterricht integriert werden, funktionieren aber auch als Ergänzung zum Präsenzunterricht.

»Hilfe, ich dringe nicht mehr zu meinem Kind durch!« – oder: Die Angst, den Zugang zum Kind zu verlieren, weil es nur noch digitale Interessen hat.

Ein anderer Ansatz könnte sein, sich in die Welt des Kindes zu begeben und die digitalen Erlebnisse ins analoge Leben einzubauen. Das bedeutet, mit Kindern im Dialog zu sein, beim Abendbrot nicht nur zu fragen, wie der Tag denn so war und ob die Hausaufgaben fertig sind, sondern ganz konkret: Welches Spiel hast du heute gespielt, was hast du darin erlebt? Zeigst du es und erklärst es mir? Was war der schönste Moment heute im Spiel? Sich für die Apps und digitalen Interessen der Kinder zu begeistern und auch mal gemeinsam zu zocken ist gewinnbringend für die ganze Familie. Ihre Kinder werden vielleicht anfangs augenrollend reagieren, es dann aber lieben, Ihnen ihre Welt zu zeigen.

»Hilfe, mein Kind erlebt Schlimmes im Internet« – oder: Die Angst, meinem Kind widerfährt etwas Grausames im digitalen Raum.

Diese Angst ist verständlich und berechtigt, daher werden wir in diesem Buch besonders in Teil II auch über die Gefahren aufklären. Ja, da sind Dinge dabei, die würde man am liebsten aus dem Sichtfeld wischen. Es wäre aber unseriös zu sagen, das sei alles gar nicht so schlimm. Noch unseriöser wäre, davon auszugehen, dass prinzipiell alle Kinder jedes negative Netzphänomen tatsächlich erleben. Die Wahrheit liegt irgendwo dazwischen, es hilft also, für die Themen sensibilisiert zu sein.

Wenn Sie informiert sind und Bescheid wissen, was online wirklich passiert, können Sie entsprechende Problematiken altersgerecht mit Ihrem Kind besprechen. Die Kinder merken dann: Wow, meine Eltern haben Ahnung! Das ist ein wichtiges Gut und ein bedeutsamer Prozess für einen entspannten Familienalltag, weil Kinder ihre Erziehungsberechtigten auch im Digitalen als Ansprechpartner auf Augenhöhe wahrnehmen.

»Hilfe, ich habe überhaupt keine Ahnung, was mein Kind da in den ganzen Apps so macht!« – oder: Die Angst, das Kind habe einen digital überholt, Kontakt auf Augenhöhe scheint kaum mehr möglich.

Auch das ist eine nachvollziehbare Sorge. Genau dies werden wir ändern, indem wir Sie in die Lebenswelt Ihrer Kinder mitnehmen. Tatsächlich agieren Kinder viel intuitiver in Apps und Onlinegames als wir Erwachsenen. Kinder probieren, wischen, tippen, sliden. Sie verstehen sofort, welche Handbewegung, welches Fingertippen zielführend ist und was bestimmte Gesten auslösen. Dieses intuitive Geräteverhalten täuscht uns aber. Es lässt uns glauben, die Kleinsten kämen viel besser mit allem zurecht. Was die sogenannte Wischkompetenz angeht, mag das sogar sein. Aber Medienbildung und Medienerziehung ist so viel mehr. Und zu negativen Netzphänomenen, Fake News, Datenschutz und Privatsphäre, um nur eine Handvoll Themen zu nennen, wissen Ihre Kinder keinesfalls mehr. Im Gegenteil.

»Hilfe, mir macht das alles ganz, ganz große Angst!« – oder: Meine Angst ist so groß, dass ich meinem Kind alles Digitale verwehre. Kein Smartphone, kein WhatsApp-Klassenchat, keine digitalen Spiele.

Blicken wir auch hier auf die Kinder. Wie muss ein absolutes Verbot auf sie wirken? Für Kinder bedeutet das ab einem gewissen Alter Ausgrenzung und das stetige Gefühl, nicht mitreden zu können. Keine gute Idee, wie wir finden. Denn man wünscht sich für das eigene

Kind ja unbedingt Zugehörigkeit. Und trotzdem will man sich nicht von außen aufzwingen lassen, dass das Kind jetzt ein Smartphone bekommt, nur weil alle eins haben. Was für eine verzwickte Situation! Für Kinder gehören digitale Geräte irgendwann allerdings als gegeben dazu. Sie bedeuten nämlich auch Zugang zu Wissen und Pflege von Freundschaften. Und: Kinder lernen an digitalen Geräten unglaublich viel für ihre Zukunft. Wir erklären Ihnen in Teil I des Buches, wie Sie gemeinsam in die Zukunftskompetenzen einsteigen können.

»Hilfe, mein Kind ist doch bestimmt schon süchtig!« – oder: Die Angst, dass sich das eigene Kind immer weiter entfremdet und sich von seinem sozialen Umfeld loslöst, weil es seine gesamte Freizeit ausschließlich im Netz, in Games oder Apps verbringt.

Computer- oder Spielsucht sind ernst zu nehmende Sorgen. Die Weltgesundheitsorganisation hat Computerspielsucht 2018 in ihren Katalog der Krankheiten aufgenommen.[1] Es braucht aber eine Menge paralleler Umstände, die gleichermaßen wirken müssen, damit es überhaupt zu einer Sucht kommt. Häufig denken Eltern, sobald Kinder mehrere Stunden täglich in einem Spiel verbringen: »Hilfe, jetzt ist es süchtig!« Aber ist das wirklich gegeben? Oder verspüren Kinder mehr eine Anziehung, von der wir Erwachsene uns auch nicht freimachen können, weil wir selbst ständig geneigt sind, dies und das nachzuschlagen oder unsere Nachrichten zu lesen? Stehen für unsere Kinder vielleicht mehr Spaß, Entdecken und Mitmachen im Mittelpunkt, eben ein gemeinsames, digitales Erlebnis mit Freunden? Computersucht-Problematiken besprechen wir im Kapitel *Gaming bei Kindern und Jugendlichen*. Dort geben wir auch Anregungen, wie Sie verfahren, wenn Sie sich um Ihr Kind Sorgen machen.

Und? Haben Sie sich in diesen Ängsten wiedererkannt? Oder machen Sie sich vielleicht sogar über alle genannten Aspekte ein bisschen Gedanken? Dann freuen wir uns sehr, uns mit Ihnen auf eine Reise in die digitale Welt zu begeben und diese Ängste einzuordnen.

Teil I: Zukunftskompetenzen – warum es ohne sie nicht geht

Wir möchten Sie zunächst mitnehmen auf eine gedankliche Reise in ein Familienleben, in dem Digitalität gemeinsam kreativ gelebt wird. **Eltern lernen von ihren Kindern, Kinder von ihren Eltern – und teilen dabei Erfahrungen, die sie bereichern.** Wir sprechen darüber, was Technik heute schon kann, und wie Medien zu Hause mehr sein können als ein Zeitvertreib. Dafür haben wir viele Ideen zusammengetragen und nennen konkrete Apps und Anwendungen, mit denen Sie in die Umsetzung gehen können.

Wir sind überzeugt, dass es mit Spaß und Spiel gelingt, unsere Kinder digital fit zu machen – auch für die (Berufs-)Welt, die sie erwartet. Medienkompetenz ist und bleibt eine fundamentale Voraussetzung. Was das genau heißt und wie damit verbundene Aktivitäten ganz konkret im Familienalltag einen Platz finden können, erfahren Sie in den folgenden Kapiteln.

Wie machen wir unsere Kinder fit für die Berufe der Zukunft?

Wenn Sie heute ein Kindergartenkind fragen, was es später einmal beruflich machen möchte, dann sagt es vielleicht Bauarbeiter, Feuerwehrmann, Polizistin, Tierärztin, Reiter oder vielleicht sogar Fee. Fragen Sie hingegen Jugendliche, wird die konkrete Vorstellung von der beruflichen Zukunft schon schwieriger. Möglicherweise hören wir hier auch den Wunsch, Youtuberin oder Influencer zu werden.

Wenn wir uns die vergangenen zehn Jahre der Digitalisierung vor Augen führen, sehen wir rückblickend, dass viele neue Berufe entstanden sind. Durch soziale Netzwerke wie Facebook, X, Instagram und Co hat jedes größere Unternehmen Positionen im Social-Media-, Content- und Community-Management und verfügt über eine Onlineredaktion. Neue Berufsfelder prägen den Arbeitsmarkt. Tatsächlich gibt es auch mehr als eine Handvoll junger Menschen, die von ihren Youtube-Kanälen oder Instagram-Profilen äußerst gut leben. In Zukunft werden immer mehr neue Jobs entstehen, sodass wir heute nur in Teilen erahnen können, welche Berufe unsere Kinder einmal erlernen und welche überhaupt gebraucht werden.

Digitales Arbeiten und Lernen

Das Weltwirtschaftsforum veröffentlichte 2018 eine Studie[2], dass durch die Digitalisierung bis 2025 weltweit 75 Millionen Arbeitsplätze vernichtet werden, gleichzeitig aber 133 Millionen neue entstehen. Allein die App-Entwicklung hat bis 2018 zwei Millionen neue Stellen in Europa geschaffen. Künftig wird ein Boom auch im Bereich E-Health erwartet. Nicht nur wegen Videosprechstunden oder digitaler Arzt-Rezepte, sondern weil künstliche Intelligenz in der Früherkennung, zum Beispiel von Tumoren, immer besser eingesetzt werden kann.

Die Studie des Weltwirtschaftsforums entstand vor der Corona-Pandemie, also noch unter ganz anderen Vorzeichen. Und wenn uns die Pandemie eines gelehrt hat, dann das: Wir müssen uns digital noch besser aufstellen, und zwar in allen Bereichen. Dafür sind Menschen vonnöten, die mit ihren Ideen, ihrem Wissen und viel Kreativität die Verwaltung, unser Gesundheitswesen, Industrie, Handwerk und Wirtschaft zukunftsweisend mitgestalten. Irgendwann wird kaum mehr ein mittelständischer Betrieb ohne Digitalität auskommen. Auch im Handwerk wird es Anpassungen in den Lehrberufen geben, weil immer mehr Smarthomes sowie digitale Gebäudeinstallationen verwaltet und einzelne Elemente über 3-D-Drucker erstellt werden. Das ist keine Zukunftsmusik, sondern passiert alles schon. Im Sommer 2021 wurde beispielsweise das deutschlandweit erste Einfamilienhaus aus dem 3-D-Beton-Drucker vorgestellt: 160 Quadratmeter Größe, bei einer Bauzeit von gerade mal acht Monaten. Wird das Haus einmal nicht mehr benötigt, kann man es einfach absaugen und das Material neu verdrucken. Verbaut sind ausschließlich nachhaltige Baustoffe. Das finden wir großartig!

Wir müssen uns genauer ansehen, welche digitalen Fähigkeiten unsere Kinder benötigen, damit sie ihre Zukunft aktiv gestalten. Es wird Bereiche geben, in denen die menschliche Arbeitskraft mit Drohnen, Algorithmen, Robotern oder künstlicher Intelligenz ersetzt oder ergänzt wird. Gleichzeitig werden viele Berufe bleiben und sich lediglich verändern. Lehrkräfte beispielsweise können sich stärker als Lernbegleitung verstehen, wenn Kinder auf Basis von Software-Programmen lernen, die so schlau sind, dass sie jedes Kind genau da unterstützen, wo es Fragen hat. In Bayern wird mit »Brainix«[3] seit 2021 eine Software getestet, die Kinder spielerisch in ihrer Lebensrealität abholt, sodass sich Lernen nicht wie Lernen anfühlt. Hinter dem Programm steht eine auf künstlicher Intelligenz basierende Technologie, die sich den Lernstand der Kinder merkt und einzelne ganz individuell fördert. Das System begreift, wo das Kind noch mehr Unterstützung braucht, aber auch, wie es am besten lernt und somit versteht. Das kann über Texte, Videos oder Grafiken sein, ganz nach persönlichen Vorlieben. Am Ende lernen alle Mathe, nur eben so, dass jedes Kind das auf dem Weg tun darf, der ihm entspricht.

Die nächsten Jahre werden hochspannend. Viele Prozesse werden sich ganz ins Digitale verlagern. Denken wir nur daran, wie kleine Banken in den Dörfern schließen und auf Onlinebanking verweisen, oder dass es in Großstädten kaum mehr möglich ist, ein Bahnticket auf Papier zu bekommen. Machen wir unsere Kinder fit, sich in dieser neuen Welt zurechtzufinden! Denn bei aller Technologie steht immer noch der Mensch im Mittelpunkt. Ohne uns und unsere Kinder geht nichts.

Mathematik, Informatik, Naturwissenschaft und Technik – kurz MINT. Etliche Schulen setzen bereits auf diesen Schwerpunkt, weil wir auch perspektivisch noch mehr Fachkräfte mit MINT-Qualifikationen brauchen. Was Ihrem Kind liegt oder woran es Spaß hat, können Sie aber auch in außerschulischen Bildungsstätten und Lernorten herausfinden. Für Kinder angeboten werden zum Beispiel Entdeckertage, Onlinekurse und Ferienprogramme in diesen und anderen Bereichen: Web-Entwicklung, Robotik und Programmieren, Handy-Apps selbst erstellen, 2-D- und 3-D-Spiele programmieren, Medientechnik und Gentechnik. Die Bandbreite ist immens, und dennoch ist wenig bekannt, dass es diese (übrigens meist kostenlosen) Angebote für Kinder gibt. Suchen Sie bei Interesse einfach im Netz nach ein paar Schlagworten in Verbindung mit Ihrem Wohnort. Sollten Sie nicht fündig werden, kann auch die Handwerkskammer oder die Agentur für Arbeit Auskunft geben. Weitere spannende Kurse, Camps oder Hackathons finden sich unter www.bildung-forschung.digital im Reiter »MINT-Allianz«. Ist Ihr Kind sprachlich begabt und interessiert, finden sich auf der Seite bildungsserver.de verschiedene Angebote für Schreibwerkstätten.

Kinder für digitale Technik begeistern

Lucy Merzenich-Lang (37) ist Betriebswirtin und zertifizierte systemische Beraterin. Sie ist Inhaberin einer Karriereberatung und hilft am liebsten jüngeren Menschen, ihre Begabung und Stärken zu erkennen und für die Wahl des richtigen Berufs zu nutzen. Durch ihre tägliche Arbeit in den verschiedenen Berufswelten kennt sie Trends und Entwicklungen, die in Zukunft wichtig werden. Lucy ist verheiratet und Mutter von Zwillingen.

Was ändert sich bei den Berufen, die unsere Kinder einmal ausüben werden?

Lucy Merzenich-Lang: Nun, wir stecken ja mitten in der Veränderung unserer Berufswelt. In vielen Industrien gibt es heute Berufe, die vor zehn Jahren noch nicht existierten. Nehmen wir beispielsweise E-Commerce- oder Online-Marketing-Manager, deren Jobs sind erst durch die Digitalisierung entstanden. Spannend in der Studie ist auch: Sie geht davon aus, dass 65 Prozent der gegenwärtigen Grundschulkinder in Berufen arbeiten werden, die es jetzt noch gar nicht gibt.

Auf welchen Berufen siehst du in Zukunft den Schwerpunkt?
Die meisten neuen Berufe entstehen in den Bereichen Entwicklung, Einführung, Analyse und Kontrolle von Technologien. Relevant sind dann Themen wie Energiewandel, künstliche Intelligenz, 3-D-Druck, Robotics und intelligente Sensoren. Sie werden aus der Arbeitswelt nicht mehr wegzudenken sein. Aber auch traditionelle Berufe und Tätigkeiten werden sich durch den Einsatz digitaler Technologien verändern. Das Arbeitsleben wandelt sich weg vom starren Arbeitsplatz hin zu mehr Standortunabhängigkeit und virtueller Zusammenarbeit.

Welche Kompetenzen brauchen Kinder dann?
Unsere Karrierewege sind immer seltener linear. Lebenslanges Lernen, eine schnelle Anpassungsgabe und ständige Weiterqualifikation sind sehr wichtig. Hierbei ist digitale Kompetenz maßgeblich, damit Kinder von digitalen Konsumenten zu Anwendern werden. Mit individuellen Talenten, Werten und Charakteristiken bringt jeder Mensch den entscheidenden Faktor mit, der einem Roboter immer fehlen wird. Das Wissen um diese Eigenschaften wird somit eine ganz wesentliche Bedingung für Erfolg sein.

Wie können Eltern ihre Kinder richtig auf die neue Berufswelt vorbereiten?
Aktuell erlebe ich, dass in Familien und vielen Schulen gegen Medienkonsum gekämpft wird. Das ist schade und auch nicht zukunftsweisend. Sinnvoller wäre doch, die jungen Menschen

für die Anwendung digitaler Technik zu begeistern, anstatt diese zu verteufeln. Der Schulunterricht mit Mathe, Informatik, Naturwissenschaften und Technik (MINT) ist oft realitätsfremd und langweilig. Daraus schließen leider junge Menschen und besonders oft Mädchen, dass diese Bereiche außerhalb ihrer Interessen und Kompetenzen liegen. Wichtig ist, dass Eltern ihren Kindern spielerisch Einblicke in die MINT-Arbeitswelt anbieten: nach dem Urlaub einen Urlaubsfilm schneiden, diesen vertonen und mit Musik hinterlegen, Kinder ermutigen, einen eigenen Blog zu starten, Online-Programmierkurse für Anfänger besuchen, an MINT-Challenges wie von mintmagie.de teilnehmen oder über die »HABA Digitalwerkstatt« digitale Kompetenzen erlernen. Auch Tage der offenen Tür kann man besuchen, zum Beispiel beim Europäischen Astronautenzentrum (EAC). Toll ist auch das Gap Year[4] nach dem Abitur für junge Frauen, hier werden technische Interessen vertieft und die Jugendlichen bekommen ein besseres Gespür, in welchem Beruf ihre Zukunft liegt.

Ein Blick in die Glaskugel: Welche Berufe oder Berufsfelder werden gänzlich neu auf uns zukommen?

Darüber kann ich nur spekulieren. Die Software- und Entwicklungsbranche, der Bereich Virtual Reality und künstliche Intelligenz werden rasant fortschreiten und neue Berufsfelder kreieren. Ich bin überzeugt, dass in Zukunft mehr neue, spannende Bereiche entstehen als wegfallen.

Begleitung als Schlüssel

Gemeinsam mit unseren Kindern die digitale Welt zu erobern, bedeutet, Ängste und damit jede Menge Stress zu vermeiden. Einige negative Netzphänomene sind auch deshalb so verbreitet, weil es noch zu viele Kinder gibt, die digital gar nicht oder zu wenig aufgeklärt werden. Statt Kinder im Umgang mit digitalen Medien zu begleiten, werden Verbote ausgesprochen oder die Herausforderungen mit einer »Ist doch alles nicht so schlimm«-Haltung hingenommen. Dabei brauchen Kinder auch im Digitalen genau die Hilfe, die sie von ihren Eltern in anderen Lebensbereichen längst bekommen. Nur dann können sie die entsprechenden Tools kompetent, mündig und ausreichend sensibilisiert nutzen. **Begleitung, und dadurch auch Prävention in der Familie, wird Kinder nachhaltig auf Zukunftsthemen vorbereiten und sie besser schützen.**

Wenn wir uns überlegen, was wir uns für unsere Kinder wünschen, dann gehören Zugehörigkeit, Freundschaft, Teilhabe, Spaß an Schule und Wissen sowie insgesamt eine glückliche, gesunde und lustige Kindheit sicher dazu. Unsere Kinder würden selbstverständlich Smartphones und Tablets ergänzen. Weil wir selbst nicht mit digitalen Medien groß geworden sind, liegt das außerhalb unserer Vorstellungskraft.

Digitale Geräte bedeuten für Kinder Zugehörigkeit und Teilhabe. Kinder, die zum Beispiel nie ein Smartphone bekommen, sind in vielerlei Hinsicht heute ausgegrenzt. Sie sind nicht Teil des WhatsApp-Klassenchats und gehen jeden Morgen mit dem Wissen in die Schule, nicht auf dem Stand zu sein, nicht zu wissen, was die anderen darin besprechen. Natürlich kann man jetzt die Hände über dem Kopf zusammenschlagen und sagen: WhatsApp? Ausgerechnet für Kinder? Unter uns gesagt: Uns wäre es auch lieber, wenn es ohne ginge. Da ist einmal die Nachrichtenflut, die insbesondere durch Gruppen wirklich anstrengend sein kann, andererseits die Zugehörigkeit von WhatsApp zum Facebook-Konzern »Meta« und die daraus resultierende, persönliche Skepsis, wie sicher unsere Nachrichten wirklich sind.

Eigentlich ist WhatsApp auch überhaupt nicht für Kinder erlaubt und hat zudem problematische Aspekte – dazu mehr im Kapitel *Social Media begleiten*. Die Sache ist nur: Die Realität spricht eine andere Sprache. Haben Kinder und Jugendliche ein eigenes Gerät, nutzen sie WhatsApp. Haben sie es nicht installiert, sind sie raus.

Denken Sie mal kurz an Ihre eigene Mediennutzung. Vielleicht haben Sie bei WhatsApp einen Familienchat und können sich so ständig mit Ihren Eltern oder Geschwistern austauschen, obwohl Sie an verschiedenen Orten leben. Sie können also nah dran sein an den Menschen, die Sie lieben. Sie sind verbunden, auch wenn sie Hunderte Kilometer trennen. Das ist wunderbar! Und genau das wollen unsere Kinder auch – im Austausch mit anderen sein. Aus diesem Grund verteufeln wir in diesem Buch keine Apps per se. Wir schauen uns lieber an, wie wir sie positiv nutzen können und wo mögliche Stolpersteine liegen, damit Kinder besser geschützt sind.

Auch Kinder, die nicht die Onlinespiele spielen dürfen, die ihre Freunde spielen, können sich niemals mit anderen darüber austauschen und bleiben außen vor. Bitte verstehen Sie uns nicht falsch: Das soll nicht heißen, dass alle Kinder per se ein Smartphone besitzen und bei allen Spielen mitmachen sollten. Vielmehr geht es darum, dass wir verstehen: **Ab einem gewissen Alter, das nur wir als Eltern bestimmen können, werden wir nicht drum herum kommen, unseren Kindern digitale Geräte zu erlauben.** Das können anfangs Familiengeräte sein, um Kompetenzen zu erlernen, und später eigene, bei deren Gebrauch Kinder begleitet werden. Uns bleibt dauerhaft nur die Möglichkeit, Kinder kompetent an digitale Medien heranzuführen. Ihre Kinder werden lernen, komplexe Probleme zu lösen und noch kreativer zu denken. Ein Verbot von Smartphones oder Tablets hilft dabei überhaupt nicht. Stattdessen soll und darf Digitalität mitten im Familienleben stattfinden. Und nein, es ist nicht total super, wenn Ein- oder Zweijährige mehrere Stunden täglich am Tablet verbringen oder unsere Kinder im Teenageralter den ganzen Tag zocken. Vorrang haben immer das Spiel ohne Bildschirme, das auspowernde Toben, Rollenspiele mit Puppen, Lego oder Playmobil oder gemeinsame Nachmittage in der Natur. Wenn wir also dafür plädieren, digital mehr zu unternehmen, sprechen wir von einem zusätzlichen, selbstverständlichen, kreativen Teil des Familienalltags. Um unsere Kinder auf die Welt vorzubereiten, die sie außerhalb der Familie erwartet.

Ein erstes Beispiel für digitale Begleitung ist der Moment, wenn Ihr Kind ein eigenes Smartphone bekommt. Es hat WhatsApp installiert und benötigt ein Profilbild. Machen Sie aus dem Fotoshooting ein Event! Gehen Sie raus in die Natur, packen Sie Requisiten wie Fußball oder Seifenblasen ein. Und dann fotografieren Sie, wie Ihr Sohn auf einem frisch gemähten Feld einen Fußball kickt oder Ihre jugendliche Tochter Seifenblasen pustet. Wenn die Sonne scheint und sich das Licht in den Seifenblasen bricht, entstehen tolle Bilder. Parallel können Sie beim Erstellen eines Profilbildes ein erstes medienkompetentes Hinterfragen anregen:

- Wie will ich mich auf dem Foto präsentieren? Wie nicht? Wie ist mein Online-Ich? (Selbstdarstellung)
- Will ich mein Gesicht wirklich auf dem Foto zeigen? (Privatsphäre)
- Soll mein Profilbild vielleicht auch nur ein Fuß sein, der einen Fußball kickt? Oder eine Hand, die eine Seifenblase hält? (Kreation)
- Was ist auf meinem Foto-Hintergrund zu sehen? Ist da wirklich kein anderer gezeigt, dessen Rechte womöglich verletzt werden könnten? (Bildrechte)

Bei einem analogen Erlebnis in der Natur mit einem digitalen Werkzeug (Smartphone als Kamera) und einem digitalen Ziel (Foto für WhatsApp) lernen Kinder ganz natürlich – wenn wir sie mit den richtigen Fragen anregen.

Medienkompetenz geht auch zu Hause

Der Begriff Medienkompetenz begegnet uns im Hinblick auf die Zukunft unserer Kinder häufig, ohne dass konkret benannt wird, was das überhaupt ist. Im Kern geht es bei dieser Kompetenz darum, dass Menschen selbstbestimmt, mündig und reflektiert Medien nutzen und ein Gespür für ihr Online-Ich bekommen, an medialer Kommunikation und Produktion mitgestalten und teilhaben können.

Ihre Kinder werden zwar als Digital Natives bezeichnet, müssen Medienkompetenz aber ebenfalls von Grund auf lernen. Auch einige Erwachsene besitzen kaum Wissen darüber. Denken Sie an dieser Stelle an WhatsApp oder Facebook und daran, was teilweise die eigenen Eltern, Großeltern, Onkel oder Tanten so teilen.

Wir wollen im Folgenden aber besonders auf Ihre Kinder gucken. »Wäre doch schön, wenn die das mit der Medienkompetenz in der Schule besprechen«, hören wir häufig. Wir dürfen aber nicht vergessen, dass die Geräte der Kinder in der elterlichen Verantwortung liegen. Die Schulen blenden das Thema zwar nicht vollständig aus, aber auch uns passiert dort zu wenig, flächendeckend jedenfalls. Verschiedene Bundesländer bilden im Rahmen der Lehrpläne digitale Schwerpunkte aus, fördern Modellprojekte oder Modellschulen und bieten Orientierung, wie zum Beispiel der »Medienkompetenzrahmen NRW«[5] in Nordrhein-Westfalen. Da es jedoch noch kein Schulfach zum Thema gibt, fehlen weitgehend Programme und Leitlinien für eine flächendeckende Vermittlung von Medienkompetenz im deutschsprachigen Raum, die alle Kinder gleichermaßen erreicht. Das ist skandalös, denn unsere Kinder brauchen heute noch viele weitere Kompetenzen als die, die bisher in den Lehrplänen auftauchen.

Aaaber: Die Ausgestaltung folgt nicht überall gleichen Standards und insgesamt bekommen die Themen nicht die Aufmerksamkeit, die notwendig wäre.

Wir möchten Sie deshalb ermutigen, die Vermittlung von Medienkompetenz spielerisch in den Familienalltag einzubeziehen. Denn dort machen Kinder ihre ersten Erfahrungen mit Medien. Um Sie und Ihre Kinder an die Themen heranzuführen, haben wir uns für dieses Buch an sechs Säulen für Medienkompetenz orientiert, wie sie in den Medienkonzepten der Bundesländer für die Schulen stehen.[6] Diese Säulen finden wir großartig! Sie verweisen auf wichtige Zukunftskompetenzen und zielen auf eine Art Grundbildung ab: das Basiswissen der neuen Welt.

1. Geräte- und Datenkompetenzen, also das Bedienen und Anwenden
2. Recherche und Information zum Erlernen richtiger Internetsuche mit dem Ziel, Falschnachrichten zu erkennen
3. Kooperation und Kommunikation als Basis des Austauschs miteinander
4. Produzieren und Präsentieren, um digitale Medien sinnvoll als Werkzeuge zu nutzen
5. Analysieren und Reflektieren, um Medienangebote oder Werbung sowie das eigene Mediennutzungsverhalten zu hinterfragen
6. Problemlösen und Handeln für ein Grundverständnis um Algorithmen, sicheres Agieren und mit welchen Apps die eigene Lernumgebung gestaltet werden kann

Die folgenden Kapitel greifen die einzelnen Kompetenzen konkret auf. Dazu haben wir überlegt: Wie könnten wir sie zu Hause alle gemeinsam spielerisch erlernen? Ohne Kreide und Tafel, sondern im Tun und Machen und Gestalten. Herausgekommen sind viele Ideen für Familien, die wir mit unseren eigenen Kindern erprobt haben.

Wir wissen, dass viele unter Ihnen während der Corona-Pandemie monatelang ihr Kind zu Hause schulisch begleitet haben. Wenn Sie jetzt lesen, dass Medienkompetenz in der Familie erlernt werden kann, denken Sie vielleicht: »Soll ich jetzt auch noch beim Thema Medien Lehrer spielen?« Nein, ganz und gar nicht. Mit mehr digitalem

Wissen und diesem Buch können Sie verschiedene Dinge in den Familienalltag integrieren. Sie müssen natürlich nicht, aber nach der Lektüre der folgenden Kapitel können Sie das! Im Gegensatz zur Schule gibt es hier auch kein Richtig oder Falsch. Fehler sind sogar erwünscht, denn aus allen Fehlern kann auch immer Neues entstehen: Ordnet man die Buchstaben in *Fehler* neu an, wird daraus übrigens das Wort *Helfer*. Ist das nicht motivierend?

Wichtig ist, Kindern früh – also mit Beginn der ersten, intensiveren Nutzung wie zum Beispiel ab einem Alter von drei Jahren oder im Vorschulalter – und Stück für Stück beizubringen, was alles mit Tablets, Smartphones und Computern möglich ist. Dabei sollen digitale Medien nicht nur für Unterhaltung stehen. An Bildschirmen kann man so viel mehr machen als nur Serien gucken! Wir dürfen gestalten, erhalten Zugang zu Wissen und können uns jederzeit informieren und weiterbilden. **Digitale Medien sind die wichtigsten Werkzeuge unserer Zeit.** Unsere Kinder müssen nur wissen: Wie mache ich da mit? Und Eltern interessiert: Was ist wirklich gut für mein Kind? Was macht meinem Kind im digitalen Raum Spaß?

Keine Sorge: Für mehr Medienkompetenz zu Hause benötigen Sie keine akribische Anleitung und müssen keinen strikten Regeln folgen. Das Thema braucht Leichtigkeit statt Dogmatismus. Wenn Sie aber verstehen, welche Kompetenzen für die Zukunft Ihrer Kinder wichtig sind, wird es Ihnen im Alltag ganz natürlich gelingen, das mit unseren Inspirationen zu Hause anzugehen. Irgendwann werden Sie feststellen, dass Ihnen beim Lesen eigene Ideen kommen, wenn wir den gedanklichen Schalter erst mal umgelegt haben. **Wir möchten, dass aus der digitalen Überforderung, die viele Eltern spüren, annehmbare Herausforderungen werden, die jeder bewerkstelligen kann.**

Unter den folgenden Anregungen wird es sicherlich auch Aspekte geben, die Ihr Kind überhaupt nicht interessant findet. Wenn Sie sich mit ihm zum Beispiel beim Programmieren ausprobieren und der Funke einfach nicht überspringt, dann haben Sie es versucht und Basiswissen erworben. Auch das ist völlig okay. Es gibt noch so viele andere Möglichkeiten, mitzugestalten: E-Books oder Podcasts erstellen, Poster fürs Zimmer designen, Fotos bearbeiten, Filme drehen und schneiden. Bestimmt sind auch nicht alle Ideen gleichermaßen für ausnahmslos alle Kids geeignet. Kinder mit speziellem Förderbedarf tun sich vielleicht mit der einen Kompetenz schwerer, finden in einer anderen jedoch ihre große Stärke. Aber auch, wenn Sie beispielsweise ein Kindergartenkind haben, wird es Kompetenzen geben, die Ihr Kind in diesem Alter vollkommen überfrachten würden. Dennoch ist wichtig, schon die ganz Kleinen einzubeziehen, denn Medienerziehung findet nur in den wenigsten Kindergärten und Kitas statt. Superschade, denn schon die Allerkleinsten nutzen heutzutage digitale Medien. Apropos Kindergartenkinder: Für einige unserer Ideen werden Schreib- und Lesekompetenzen benötigt. Jüngere Kinder brauchen hier also Hilfe und Unterstützung durch einen Erwachsenen. Das ist praktisch, denn dadurch werden digitale Erlebnisse automatisch begleitet. Sie werden zum Familienerlebnis und so selbstverständlich wie ein gemeinsamer Spaziergang in der Natur.

Diese Selbstverständlichkeit ist vor allem perspektivisch für Kinder wichtig. Wenn sie älter werden, nutzen sie irgendwann Apps und neue Technologien autark und ohne elterliche Begleitung. Können Kinder dann auf einen digitalen Erfahrungsschatz zurückgreifen, den sie innerhalb der Familie gelernt haben, agieren sie kompetenter und nehmen ihre Eltern auch bei Onlinethemen als Ansprechpartner auf Augenhöhe wahr.

Wichtig ist, dass Sie das Digitale mit Leichtigkeit angehen. Alles kann, nichts muss. Ideen dürfen verändert und weitergesponnen werden. Manchmal hilft es auch, eine Idee aufzuschnappen und sie im passenden Moment abgewandelt anzuwenden. Manche Idee werden Sie vielleicht für sich verwerfen, eine andere hingegen lieben. Was unseren Kindern liegt, wo vielleicht sogar ein Talent im Verborgenen steckt, das können wir nur herausfinden, wenn wir ins Machen kommen und unsere Kinder dabei begleiten. Ohne Druck, mit Spaß und Freude.

Medienritual: Digitaler Familientag

Medienerziehung geht nicht von heute auf morgen. Alles wird sich Stück für Stück entwickeln, wenn Sie nach und nach mit Ihren Kindern in die digitale Welt einsteigen. Als Anfang eignet sich zum Beispiel ein Medientag. Sie können auch einen anderen Namen wählen, je nachdem, was Sie und Ihre Kinder vorhaben: Handy-Tag oder Tablet-Tag – oder wie Verena Pausder in ihrem Buch *Das neue Land* schreibt: eine wöchentliche Zukunftsstunde.[7]

Dieser digitale Medientag ist als Ritual zu verstehen und kann einmal monatlich stattfinden oder öfter, wenn Sie oder Ihre Kinder viele Ideen haben. Jeweils ein Familienmitglied ist für die Vorbereitung und Gestaltung dieses Tages mit eigenen Ideen zuständig. Geeignet sind übrigens nicht nur verregnete Sonntage, vieles lässt sich auch in der Natur umsetzen.

Ideen für den Medientag mit Ihren Kindern finden Sie auf den nächsten Seiten. Lassen Sie aber auch unbedingt Ihre Kinder entscheiden und Vorschläge unterbreiten. Wenn Ihr zwölfjähriger Sohn an der Reihe ist und sagt: »Heute spielen wir Minecraft!«, dann machen Sie das. Wenn Ihre elfjährige Tochter ein cooles Fotoshooting machen möchte: Tun Sie es! Auch einen zeitlichen Rahmen können Sie individuell absprechen. Der wiederkehrende Medientag innerhalb der Familie ist super für den Übergang, wenn Sie mehr Leichtigkeit in den Umgang mit Digitalität bringen wollen. Nach ein paar Monaten werden Sie feststellen, dass viele Themen ganz natürlich Platz im Alltag gefunden haben und es den gesonderten Tag gar nicht mehr braucht.

»Hey, schau mal, was ich kann!« Die Kompetenzen Produzieren und Präsentieren

Wir Eltern produzieren mit unseren Kindern ständig irgendetwas: backen Kuchen oder Plätzchen, basteln Geschenke zu Weihnachten, legen Beete auf dem Balkon oder im Garten an, malen Bilder, machen Familienfotos. Produzieren liegt gewissermaßen in der DNA von uns Familien. Dabei muss man Kinder nicht immer anleiten, was sie als Nächstes tun können. Vieles entsteht aus ihnen selbst heraus. **Kinder sind herrlich kreativ und gehen die Dinge unbefangener an als Erwachsene. Einfach mal machen (lassen)!** Genau das geht auch digital.

In sozialen Netzwerken finden sich mittlerweile Tanzvideos, die Enkel und Oma gemeinsam aufgenommen haben, oder ganze Familien performen Hip-Hop. Kinder veröffentlichen über die Kanäle der Eltern Buchrezensionen aus ihrer Sicht.

Bei den Kompetenzen Produzieren und Präsentieren lernen Kinder fürs Leben, die Gestaltungsmöglichkeiten von Medien voll auszuschöpfen. Und da Medien alles sein können, also Computer, Smartphones, Bücher, aber auch Hörspiele und Podcasts, gibt es quasi nichts, das nicht selbst gemacht werden könnte. Wie immer gilt für unsere Anregungen: Nutzen Sie sie so, wie es für Ihre Familie passt. Und denken Sie daran, dass Kinder digitalen Medien gegenüber absolut offen sind – hier fühlen sich die Learnings nicht wie Lernen an.

Ideen für zu Hause

Digitales Produzieren und Präsentieren lehrt Kinder Kniffe, die sie spätestens im Beruf kennen müssen. Im analogen Raum produzieren sie schon im Kleinkindalter: Bausteine werden gestapelt, Sandburgen gebaut, Legolandschaften erschaffen. Spätestens im Kindergartenalter kommen dann die Massen an selbst gemalten Bildern dazu. Kleiner Eltern-Hack an dieser Stelle: Fotografieren Sie die schönsten Werke, falls mal etwas kaputt- oder verloren geht, und legen Sie ein digitales Kunst-Album an.

Digitale Tools erweitern das Spektrum für aktives Gestalten. Klingt kompliziert und aufwendig? Ist es nicht! Wie einfach das alles geht und welche Tools wir jeweils empfehlen, haben wir mit unseren Kids getestet.

Podcasts und Hörspiele erstellen Dazu benötigt man keine gesonderte App. Es reicht, die Funktion »Sprachaufnahme« oder »Sprachmemo« am Smartphone zu nutzen. Wenn Kinder bereits lesen, können sie Geschichten vorlesen, aufnehmen und die Datei an Oma oder Opa schicken. Familien können aber auch gemeinsam ein Hörspiel aufschreiben, einüben und überlegen, wie entsprechende Geräusche im Hintergrund nachgeahmt werden und welche Instrumente zum Einsatz kommen. Wer keine Instrumente griffbereit hat, bastelt einfach selbst: Aus alten, mit Luftballons überzogenen Dosen lassen sich kleine Trommeln herstellen. Reis in verschiedenen Behältern macht je nach Befüllung die unterschiedlichsten Geräusche. Auch Zeitungspapier, Wasser und Folie eignen sich prima. Oder Sie drehen leere Dosen einfach um und bauen aus einem Korken und Holz-Spieß eine Trommel. Es macht unglaublich viel Spaß, ein Hörspiel mit Kindern zu konzipieren, vorzubereiten und aufzunehmen. Dabei geht es nicht um ein perfektes Ergebnis. Vielmehr profitieren alle von der gemeinsamen, kreativen Zeit und der Tatsache, analog etwas zu tun, das durch den Einsatz eines digitalen Werkzeugs buchstäblich zum Werk wird.

Sie wissen nicht, wo Sie anfangen sollen? Nutzen Sie als Vorlage ein Buch Ihres Kindes und hören Sie gemeinsam ein anderes Hörspiel. Wie viele Personen sprechen, welche Töne sind zu hören und was passiert mit den Geräuschen, wenn die Geschichte besonders spannend wird?

Ein multimediales E-Book kreieren Fotoalben machen kann jeder. Ein multimediales E-Book auch. Mit »Book Creator« können schöne Erinnerungen und wichtige Ereignisse festgehalten werden und bleiben dadurch lebendig. Wir haben für die Einschulung unserer Töchter ein E-Book angelegt und dort nicht nur schöne Fotos festgehalten, sondern auch Lieblingslieder in Audiodateien hinterlegt und kleine Videos aufgenommen. Aus der Kombination von Fotos und Texten, Videos und Audiodateien entstehen ganz besondere Erinnerungsstücke. Weil die Erinnerungen digital erfasst sind, können wir sie auch mit den Familienmitgliedern teilen, die nicht bei uns in der Nähe wohnen.

Stop-Motion-Videos drehen Diese Videos sind eine ziemlich coole Sache, die wirklich jeder mal gemacht haben sollte. Dabei werden mithilfe einer App viele Fotos nacheinander fotografiert, die jeweils nur eine minimale Veränderung zeigen. Aus allen Fotos entsteht dann ein Film, den man optional mit Musik oder Geräuschen unterlegen kann. Das funktioniert übrigens schon mit Kindern ab dem Vorschulalter. Die Vorbereitungen sind sehr kreativ, weil wir uns Gedanken machen müssen, welche Geschichte wir mit unserem Video erzählen wollen und wie wir das Gezeigte darstellen. Unsere Kinder werden also zu echten virtuellen Geschichtenerzählern. Sie bekommen ein Grundverständnis für visuelle Sprache, denn Videos sind über Grenzen hinweg verständlich. Das kennen Sie selbst vielleicht auch: Ein Rezeptvideo auf einem französischen Blog können Sie wunderbar nachkochen, selbst wenn Sie kein Französisch sprechen. Erzählen mit Videos ist großartig, weil wir die einzelnen Schritte sehen. Und die visuelle Sprache wird immer wichtiger werden, das bringt der globale Raum des Internets zum Glück mit sich.

Wir haben mit unseren Kindern verschiedene Stop-Motion-Videos gedreht und dabei ihre Spielwelten aus dem Kinderzimmer aufgenommen. Zunächst wird eine Lego- oder Playmobil-Landschaft gebaut, in der sich später die Figuren bewegen und die Geschichte erzählt wird. Aber auch ein selbst gebasteltes Puppenhaus aus alten, gestapelten und bemalten Kartons, in dem kleine Figuren zu einem Song tanzen, kann man dafür nutzen.

Werden Sie zunächst mit der Funktionsweise von Stop-Motion-Apps (wie zum Beispiel »Stop Motion Studio«) warm und üben Sie mit einfachen Dingen wie Stiften oder Gummibärchen. Danach können Sie dann ganze Welten erschaffen und gemeinsam mit Ihrem Kind eine Geschichte überlegen. Super ist: Sind die Kinder schon etwas älter und haben das Prinzip und die Funktionsweise verstanden, können sie die Videos selbst produzieren.

Familienfilme produzieren Ältere Kinder, die im Umgang am Smartphone oder Tablet geübt sind, können selbstständig Familienfilme erstellen, zum Beispiel »Unsere Sommerferien«. Sowohl Android als auch iOS haben vorinstallierte Videoeditoren, die sehr simpel und intuitiv zu bedienen sind. Unterstützen Sie Ihr Kind dabei, aus den ausgewählten Fotos einen Urlaubsfilm zu erstellen und diesen vielleicht auch mit Musik zu hinterlegen.

Durch das Ausprobieren entsteht ein Gespür für Rhythmik und Bildsprache, bei der Musikauswahl spielen Takt und Tonalität eine Rolle. Lassen Sie Ihr Kind »einfach mal machen«. Selbstverständlich kann ein Kita- oder Vorschulkind noch keinen Familienfilm erstellen. Aber gewiss ein Grundschul- oder Teenagerkind.

Poster, Lesezeichen, Stundenplan? Einfach selbst gestalten Wenn Sie einen Sohn oder eine Tochter im Teenageralter haben, werden Sie das kennen: Es kommt der Tag, da müssen Lego, Puppen,

Gebasteltes aus Kitazeiten und alte Leidenschaften ausziehen. Aus dem Kinderzimmer wird nach und nach ein Jugendzimmer. Einerseits sind wir beruhigt, wenn zumindest kurzfristig der Wunsch nach mehr Klarheit (wenigstens im Zimmer …) besteht, andererseits trennen wir uns nur schwer von den Erinnerungen, wenn unsere Kleinen jetzt wirklich groß werden wollen.

Viele Kinder haben durchaus viel Spaß am Umräumen, Einrichten und Dekorieren. Und Kinder mit Interessen wie diesen können sich mit kostenlosen Onlinetools eigene Poster für ihr Zimmer gestalten. Sie können Stundenpläne, Wochenpläne, Türanhänger, Lesezeichen oder auch Vorlagen für die Schule digital basteln, runterladen, ausdrucken und einsetzen. Alles, was Sie benötigen, sind ein (Farb-)Drucker sowie eine geeignete Software, wobei für erste Schritte tatsächlich auch schon jedes Textverarbeitungsprogramm ausreicht. Machen und rumprobieren, Formen und Felder erstellen, mit Schriftarten spielen – das ist wie all die vielen anderen Ideen nicht einfach nur sinnloses Abhängen am Gerät, sondern sinnvolles Aneignen.

Die Seite canva.com bietet übrigens in der kostenlosen Variante jede Menge Vorlagen, die individuell verändert werden können. Canva ist auch als kostenlose App verfügbar, am Computer aber etwas intuitiver zu bedienen.

Minecraft bauen Eltern von Kindern, die gerne Minecraft spielen, wissen wahrscheinlich, was wir meinen, wenn wir vom Überlebens- oder Kreativmodus, vom End- oder Netherportal und Erfahrungspunkten sprechen. Wenn nicht: Probieren Sie es aus!

Minecraft ist seit Jahren ausgesprochen beliebt. Die Altersfreigabe ab sechs Jahren ist im Kreativmodus in unseren Augen absolut in Ordnung. Sicherheitshalber schauen wir uns aber immer auch die Empfehlungen für Spiele beim Spieleratgeber-NRW.de an. Und selbst die sprechen in ihrer pädagogischen Beurteilung eine Altersfreigabe ab sechs Jahren aus. Das Spiel ist also bereits bei Kindern im Grundschulalter ein großes Thema.

Interessant ist, dass Minecraft auch in der Bildung mehr und mehr an Bedeutung gewinnt. Seit Jahren schon gibt es die für den Unterricht entwickelte »Education Edition«[8], die bei Proportionalität in Mathematik durch das Bauen verschiedener Gebäude eingesetzt werden kann. Minecraft macht aber auch als Familie Spaß. Ein bisschen Holz-Baustein-Feeling, ein bisschen Lego-Machart und immer steht die funktionale Kreation im Vordergrund.

Gerade für Familien mit Geschwisterkindern ist das Spiel ideal, weil hier beispielsweise Sechsjährige mit Zehnjährigen spielen können. Außerdem steht der Craft(ing)-Aspekt für großes Kreativitätspotenzial, weil aus verschiedenen Blöcken, Ressourcen, Materialien und Werkzeugen etwas Großartiges entsteht: ein eigenes Werk, eine Stadt, ein Zoo. So haben zwei unserer Kinder während einer Corona-Quarantäne einen Zoo in Minecraft erschaffen. Sie haben recherchiert, welches Tier welche Lebensbedingungen braucht, und diese dann nachgebaut.

Wenn Sie auch mit Ihrem Kind Minecraft nutzen wollen, finden Sie bei zahlreichen Anbietern Minecraft-Familienworkshops, bei denen gemeinsam mit dem Kind Erfahrungspunkte gesammelt werden. Kinder schlüpfen dann in die Expertenrolle und bringen den Eltern etwas bei. Diese Idee wird Ihr Kind vermutlich nicht sofort lieben und sich zunächst augenrollend denken: Ernsthaft? Mit den Eltern Minecraft spielen? Aber wenn Sie dann im Spiel sind und Ihr Kind spürt, wie gut es tut, dass Sie sich für »sein Minecraft« begeistern, werden Sie eine richtig gute Zeit haben.

Kleinere Kinder, die mit Minecraft noch nicht zurechtkommen, können mit der kostenlosen App »Fiete KinderZoo« ihr eigenes Zoospiel erschaffen. Hier basteln Kinder ein Tier, ganz analog. Dieses gebastelte Tier wird dann als Foto in die App geladen, auch Namen und Geräusche können dem Tier zugewiesen werden. Natürlich können auch mehrere Tiere gebastelt und dann digital in den eigenen Zoo geladen werden.

Digitales Zeichnen Die meisten Kinder malen gerne. Mit verschiedenen Anwendungen geht das auch digital. Das ersetzt in keinem Fall Malen mit Stiften auf Papier und das entsprechende haptische Erlebnis, hat aber ein paar coole zusätzliche Funktionen, die sehr kreativ genutzt werden können.

> Mein Sohn war immer schon ein »Malmuffel«. Als er am ersten Schultag den Inhalt seiner Schultüte malen sollte, malte er drei schwarze Quadrate. Eins für die Stiftebox, eins für die Schokolade, eins für das Buch. Mehr war da nicht zu holen. Irgendwann kaufte ich mir für die Schule ein Tablet mit Stift. Das hat ihn fasziniert und auf einmal zeichnete er los. Etwas später fing er an, seine Lieblingscharaktere aus Animé-Filmen minutiös und mit großer Liebe zum Detail nachzuzeichnen. Er eignete sich mithilfe von Youtube-Tutorials Zeichentechniken an und legte los, plötzlich auch mit Stift und Papier. Ganz analog – als wenn Digitalität hier einen Bann gebrochen hätte.
> *Anika*

Es gibt zahlreiche Zeichenprogramme und Apps, hier können Sie ein wenig ausprobieren. Manchmal lohnt es sich, etwas Geld zu investieren und werbefreie Angebote zu nutzen. Für Apple geeignet ist zum Beispiel die App »Procreate« Pocket«, für Android »Sketchbook«.

Einige Zeichen-Apps sind zusätzlich wie soziale Netzwerke strukturiert, in denen der gesamte Zeichenprozess für die Community mit Videos dokumentiert und die Endprodukte von anderen bewertet werden. Damit sollte man allerdings – vor allem bei jüngeren Kindern – etwas vorsichtig sein.

Fotos gestalten Auch wenn wahrscheinlich niemand an den »TikTok-König« Younes Zarou herankommt, der auf seinem Kanal zeigt, wie großartige Fotokunst entsteht, können Sie auch im familiären Rahmen mit der Gestaltung von Fotos experimentieren. Wenn Eltern gemeinsam mit ihrem Kind Fotos gestalten und nachträglich bearbeiten, hat das einen unschätzbaren Vorteil: Kinder bekommen sehr früh ein Bewusstsein dafür, dass Fotos nicht immer die Realität widerspiegeln und durch Filter und bestimmte Einstellungen beeinflussbar sind. Experimentieren Sie also mit Filtern, Stickern oder Kamerawinkeln. Das Wissen über deren Wirkung ist einer der wichtigsten Bausteine in der Ausbildung von Medienkompetenz.

Komponieren Kinder haben früh einen Musikgeschmack, auch wenn sie das noch gar nicht so nennen würden. Durch Radio, Fernsehen, aber auch Youtube und soziale Netzwerke erfahren sie im Laufe ihres Lebens immer mehr musikalische Einflüsse. Warum nicht auch selbst komponieren oder zum DJ werden? Auch ohne Instrument können sich Kinder an Musik annähern, Songs komponieren, ein Rhythmusgefühl entwickeln. Wir kennen Kinder, die mit der auf Apple-Geräten vorinstallierten Software »GarageBand« ziemlich coole Songs machen und DJ spielen. Suchen Sie einfach mal in Ihrem App-Store nach dem Schlagwort »Komponieren«, teilweise werden auch Sammlungen mit Apps für musische Bildung angezeigt. Gut sind auch spezialisierte Apps und Anwendungen, wie die »WDR Klangkiste« (für jüngere Kinder) oder »SoundPrism« (iOS, Android).

Bloggen Viele Kinder schreiben gerne. Sie nutzen Tagebücher oder erfinden Geschichten. Das passiert fast immer analog, auf Papier. Haben Kinder jedoch das Bedürfnis, ihre Geschichten in die Welt zu tragen, also im Netz zu veröffentlichen, können Sie das und den dazugehörigen Lernprozess unterstützen. Wichtig ist, dass die persönlichen Daten des Kindes geschützt werden, das Kind also ohne Klarnamen, ohne Angabe von Wohnort und ohne konkrete Benennung der Schule schreibt. Rechtlich ist das in Ordnung, ein Impressum benötigen nur die Webseiten, die eine kommerzielle Absicht haben.

Begleiten Sie bloggende Kinder gut und führen Sie viele Vorgespräche, damit die geteilten Texte nicht zu viel preisgeben. Beim Tagebuchbloggen, was viele Eltern zum Beispiel tun, schreibt man sehr persönliche, teils auch private Dinge. Persönlich darf ein Kinder-Blog sein, privat aber nicht. Treffen Sie also im Vorfeld konkrete Absprachen. Unproblematisch ist, wenn Kinder Geschichten erfinden, sie also gar nicht über sich selbst schreiben, sondern über Themen, die sie interessieren, oder wenn sie von ihren Lieblingsbüchern berichten.

Kinder, die bloggen wollen, sollten dies ohne sichtbares Gesicht und private Details tun. Sie müssen aufgeklärt werden, dass ihre Inhalte teilbar sind und von vielen Menschen auf der ganzen Welt gelesen und weiterverbreitet werden können. Wichtig ist auch, darüber zu sprechen, wie damit umgegangen wird, wenn andere Kinder das bloggende Kind kritisieren oder gar auslachen. Übrigens: Blogtechnik kann für Laien kompliziert sein. Einfacher ist die Einrichtung einer digitalen Pinnwand (Padlet), die natürlich auch wie ein Blog genutzt und mit Texten, Fotos, Videos bestückt werden kann.

Gifs selbst erstellen Wenn Sie selbst TikTok oder Instagram nutzen und sich dort die Videos ansehen, werden Sie die Sticker kennen, die sich auf den Videos bewegen. Die nennt man abgekürzt Gifs (Graphics Interchange Format). Gifs kann man auch zu Hause erstellen, ohne Grafiker und ohne Programmierer. Wir verraten, wie es geht. Ihre Teenager werden Sie für diesen Hack lieben!

Bitte bereitlegen:

ein reinweißes Blatt Papier, ein Smartphone mit Internetverbindung

Und so geht's:

1. Das weiße Blatt auf den Tisch legen.
2. Die rechte Hand auf das Blatt legen (und darauf achten, dass möglichst wenig Schatten entsteht).
3. Jetzt die rechte Hand auf dem Papier etwas anheben, von links nach rechts drehen und gleichzeitig mit der linken Hand eine Videoaufnahme mit dem Smartphone starten: mindestens fünf Sekunden, während sich die Hand über dem weißen Papier dreht.
4. Speichern.
5. Die Website unscreen.com aufrufen und dort auf »Upload Clip« gehen. Nun wird die Hand automatisch freigestellt, also vom Bildhintergrund befreit.
6. Sobald der Balken bei 100 Prozent angelangt ist, auf »Download« klicken, »Laden« anwählen und das Gif auf dem Gerät in der Foto-Mediathek speichern.
7. Fertig! Das Gif kann jetzt über WhatsApp oder E-Mail verschickt werden und natürlich über die »Kopieren«-Funktion auch in Instagram-Videos eingebunden werden.

Dieses simple Beispiel der drehenden Hand lässt sich auf alles anwenden. Natürlich kann hier auch mit Stiften oder anderen Utensilien gearbeitet werden. Selbst Gesichter und Personen funktionieren mit der Methode, wenn der Hintergrund wirklich unifarben weiß und das Video mindestens fünf Sekunden lang ist.

Nett im Chat: Kommunikation und Kooperation als Kompetenzen im Netz

Beim Thema Kommunikation innerhalb von Familien denken wir wahrscheinlich an das gemeinsame Abendessen, Spieleabende, Urlaubspostkarten oder den Telefonanruf bei den Großeltern. Kommuniziert wird immer, und **Kommunikation auf ein digitales Level zu heben, ist gar nicht schwer, wenn wir uns online so verhalten, wie wir auch im echten Leben miteinander umgehen.** Zudem ist die Kommunikation untereinander in vielen Familien längst digitalisiert. Über die WhatsApp-Familiengruppe werden Informationen und Fotos ausgetauscht, der Status hält alle über den Alltag auf dem Laufenden. Eltern werden manchmal schon in der großen Pause über die Note der Mathearbeit informiert. Digitale Kommunikation erlaubt uns, in Verbindung zu bleiben und am Leben der anderen teilzuhaben. Insbesondere während der Corona-Pandemie entdeckten viele Familien Videotelefonate für sich, um ausgefallene Treffen wenigstens digital zu ersetzen.

Netiquette

Spätestens, wenn ein Kind sein erstes Smartphone besitzt, wird es Freunde haben, die ebenfalls ein eigenes Gerät haben. Auch hier steht die Kommunikation untereinander im Vordergrund. Sie startet meist in Textform – mit dem geschriebenen Wort. Darüber können wir mit

Kindern sprechen. Denn zu den getippten Wörtern gesellen sich meist viele, viele Emojis. Und nirgendwo läuft so viel schief wie in der digitalen – textbasierten – Kommunikation. Eine gewisse Form der Netiquette, wie die Regeln über das soziale Miteinander im Internet heißen, hilft Kindern beim Umgang mit anderen, wenn die gerade nicht anwesend sind und man nur durch Geräte miteinander verbunden ist: Es wird nicht beleidigt und online auch nicht gestritten, Emojis werden mit Bedacht eingesetzt, Fotos von anderen nicht einfach weitergeleitet, um nur ein paar Beispiele zu nennen.

»**Schreibe so, wie du es auch sagen würdest**«, ist ein guter Richtwert für Kinder, wenn sie sich in Messengern oder anderen Chats bewegen. Dazu die Geschichte einer Mutter, die sich im Rahmen meiner Onlinekurse an mich wandte:

»Meine Tochter war mit elf Jahren das letzte Kind in der Klasse, das ein Smartphone bekam. Wir wollten es so lange wie möglich hinauszögern, vor allem wegen WhatsApp. Aber irgendwann mussten wir uns beugen und sie bekam ein eigenes Gerät. Keine zwei Tage später erhielt ich einen völlig aufgelösten Anruf einer verärgerten Mutter aus der Klasse meiner Tochter. Sie berichtete mir, meine Tochter habe an alle Kontakte aus dem Klassenchat Hunderte von Nachrichten geschickt. Die anderen Kinder würden sich durch die permanente Zusendung von morgens bis abends regelrecht belästigt fühlen, meine Tochter solle dies doch bitte unterlassen. Ich war total perplex und ließ mir von meiner Tochter ihren WhatsApp-Chat zeigen. Und tatsächlich: Sie hatte alle und jeden in ihrem Adressbuch bereits zwei Tage permanent mit Emojis, Fragezeichen und ›Hallos‹ bombardiert. Es waren Hunderte Nachrichten, weil sie immer einen Emoji schickte, die Nachricht versendete, dann einen weiteren Emoji und so weiter. Die anderen Kinder aus ihrer Klasse bekamen quasi sekündlich neue Emojis, Fragezeichen oder Sticker auf ihr Gerät gespült – was natürlich für Stress sorgte, denn die meisten Kinder hatten ihre Benachrichtigungen samt Tönen aktiviert. Es war mir unglaublich peinlich, dass ich darüber nie mit meiner Tochter gesprochen hatte.«

Diese Geschichte ist kein Einzelfall. Tatsächlich überschauen die wenigsten Kinder, welchen Stress sie mit ihrer Emoji- und Nachrichtenflut bei anderen auslösen können. Es ist also wichtig, explizit mit Kindern zu besprechen, wie man online kommuniziert. Im echten Leben unterhalten wir uns beispielsweise nicht zeitverzögert, online ist das aber häufig gegeben – das ist oft ein Grund für Missverständnisse, und dafür sollten Kinder sensibilisiert werden. Der Einsatz von Ausrufezeichen oder auch Großbuchstaben kann sich wie ein »Anschreien« anfühlen. Im Ton sollten wir also nett miteinander umgehen – so, wie wir es auch im realen Leben tun.

Ideen für zu Hause

Bewusst mit Emojis umgehen Wie Emojis wirken und wie sie sich für das Gegenüber anfühlen, kann man wunderbar mit folgendem Spiel darstellen: Setzen Sie sich an den Tisch und lassen Sie Ihr Kind erraten, was Sie gerade mit Ihrem Gesicht zeigen. Ziehen Sie also zum Beispiel Ihre Augenbrauen hoch und rollen Sie mit den Augen. Ihr Kind wird dann erraten, dass Sie genervt sind. Lachen Sie übertrieben oder scherzhaft und nehmen Sie Ihre Daumen nach oben. Ihr Kind wird nun tippen, dass Sie gut gelaunt sind oder etwas gerade total super finden. Welche Grimassen und Gesichtsausdrücke können Sie noch?

Durch diese kleine Übung versteht Ihr Kind, dass es aus Ihrer Gestik und Mimik Ihre Stimmung herauslesen kann. Doch wie ist das am Smartphone, wenn die andere Person gar nicht im Raum ist, mit der wir gerade im Messenger schreiben? Dann fehlen Gestik und Mimik als Eckpfeiler unserer Kommunikation. Wenn wir uns sehen, kommunizieren wir permanent, vielleicht auch durch unsere Körperhaltung oder Berührungen. Kommunizieren wir digital, haben wir hingegen überhaupt keine Ahnung, was die andere Person gerade macht, die unsere Nachricht liest, wo sie ist, wie es ihr geht und wie sie sich fühlt. Und weil Emojis geschriebene Nachrichten unterstützen und fehlende Gestik und Mimik wenigstens zum Teil ausdrücken können, sollten sie richtig und umsichtig zum Einsatz kommen. Kurzum: Kinder sollten verstehen, wofür welches Emoji steht, wenn sie es verschicken. Eine virtuelle Begegnung ist immer auch ein reales Miteinander. Und wenn man die Bedeutungen der Gesichter kennt, kommt es weniger zu Fehlinterpretationen.

Häufig werden die Nachrichten und Kommentare noch mit einem Emoji versehen. Ein zwinkernder Smiley lässt sich gut einordnen. Aber einen Teufels-Emoji oder ein wutentbranntes Emoji-Gesicht als Steigerung des verärgerten Smileys zu bekommen, das ist schon eine Wucht, auch für Erwachsene.

Wenn Sie also mit Ihrem Kind am Tisch die Gestik-Mimik-Übung gemacht haben, erweitern Sie diese Übung und schauen Sie sich gemeinsam Emojis an. Überlegen Sie nachfolgend, wie unterschiedlich sich die einzelnen Sätze anfühlen, die sie zum Beispiel zusammen ins Tablet tippen:

1. Du bist toll
2. Du bist toll 🤩
3. Du bist toll 🤢
4. Du bist toll 😠

So deuten wir die Nachricht mit dem jeweiligen Emoji – vielleicht erging es Ihnen ähnlich:

1. Die Nachricht ohne Emoji wirkt ehrlich und aufrichtig. Je nach Gefühlslage des Empfängers dieser Nachricht könnte es jedoch auch zum Hinterfragen kommen: Meint er/sie das wirklich so?
2. Dieser Emoji macht gute Laune und wirkt begeistert. Hier ist jemand wirklich überwältigt.
3. Diesem Emoji scheint so übel, dass er sich fast übergeben muss. Auch wenn dort steht »Du bist toll«, hinterlässt dieser Emoji einen

angeekelten, abgeneigten Eindruck. Die Nachricht wirkt widersprüchlich, der eigentliche Satz tritt in den Hintergrund.

4. Dieser Emoji hat einen hochroten Kopf. Er ist wutentbrannt. Die Nachricht wirkt nicht nur ironisch, sondern auch bedrohlich.

Wir sehen: Eine Nachricht ohne Emojis wird ehrlich wahrgenommen, lässt jedoch auch Platz für Interpretation. Eine Nachricht mit bösen Emojis wie dem wutentbrannten, rotköpfigen Smiley hat einen miesen Beigeschmack. Sie fühlt sich tatsächlich auch beleidigend an. Eine Nachricht mit einem fröhlichen Emoji kann unterstützend wirken und eine gute Stimmung ausdrücken.

Emojis sind also viel mehr als reines Beiwerk. Sie können Stimmungen verdeutlichen und erlauben, mehr »zwischen den Zeilen« zu lesen. Sie können jedoch auch zu neuen Konflikten führen, wenn sie als beleidigend oder kränkend empfunden werden. Wir dürfen unsere Kinder also unbedingt dafür sensibilisieren, dass sie sich auch online gut ausdrücken.

Kinder werden heute schon lange, bevor sie ein eigenes Smartphone haben, mit Emojis konfrontiert: durch Stempel aus dem Bastelbedarf, Emoji-Häkelsets und sogar Emoji-Nudeln oder Emoji-Muffin-Toppings, die es in der Backabteilung des Supermarkts gibt. Übrigens: Immer am 17. Juli eines Jahres feiern wir den Welt-Emoji-Tag. Er wurde 2014 von Jeremy Burges, dem Gründer von Emojipedia, ins Leben gerufen. Heute haben wir Zugriff auf mehr als 3300 Emojis, jedes Jahr kommen neue hinzu.

Kommunizieren mit E-Mails Zur Kommunikation im Netz gehören natürlich auch E-Mails. Bei Kindern bis dreizehn Jahren empfiehlt sich ein Mailanbieter, der kaum bis keine Spam-Mails erhält. Mit fortschreitendem Alter können Kinder irgendwann selbst gut erkennen, wann es sich um eine Werbe- oder Phishing-Mail handelt. So oder so sollten sie natürlich nie auf Links in E-Mails klicken, deren Absender sie nicht kennen.

Viele Schulen bieten mittlerweile E-Mail-Adressen für Kinder an, die über sichere Server laufen. Allerdings würden wir empfehlen, die private Verwendung zu klären. Teilweise funktionieren die Adressen nicht für außerschulische Zwecke, oder es können zwar Mails durch Dritte empfangen, jedoch nicht außerhalb der Schulkontakte verschickt werden.

Wichtig beim Thema E-Mail ist auch die Form. Im Zuge von Lernen auf Distanz haben viele Kinder verinnerlicht, dass eine Anrede und eine Schlussform zum guten Ton gehören, aber auch Betreffzeilen genutzt und ausgefüllt werden.

Wenn Ihr Kind lesen und schreiben kann, gewöhnen Sie es über das Schreiben von E-Mails an die Computertastatur. Das Zehnfingersystem wird Kindern nämlich nicht regulär in der Schule beigebracht. Umso wichtiger, dass sie erste Erfahrungen mit der Tastatur zu Hause machen können. Es gibt auch Kurse, die man für Kinder online buchen kann. Diese richten sich meist an Kinder ab Klasse 5 und vermitteln das Zehnfingersystem. Mailadressen für Kinder gibt es zum Beispiel von den Anbietern »Grundschulpost«, »Kidsmail« oder »Mail-4Kidz«.

Zusammen geht alles besser Beim Thema »Kooperation im Netz« findet gemeinsame Medienarbeit in den Schulen oder manchen Kitas bereits statt, wenn beispielsweise Projekte in der Gruppe geschaffen werden. So arbeiten in der Schule mittlerweile alle Mitglieder einer Gruppenarbeit oder Referatsgruppe gemeinsam an geteilten Dokumenten oder Präsentationen. Dadurch entstehen kooperative, gemeinschaftliche Produkte zum Vorteil aller, weil in Zeitfenstern gearbeitet wird und nicht alle Teilnehmenden zum gleichen Zeitpunkt aktiv sein müssen. Übrigens: Nach diesem Prinzip ist auch dieses Buch entstanden.

Aber kommen wir zurück zum Kern des Kooperationsgedankens und denken wir noch einmal daran, dass wir uns in einem digitalen Transformationsprozess befinden, der jedem Teilhabe ermöglichen soll. Dann lässt sich »Kooperation« auch auf das gesellschaftliche Leben übertragen, indem wir Netzwerke bilden und uns gegenseitig digital unterstützen. Das kann wie folgt aussehen:

- Ältere Kinder und Jugendliche können den Großeltern digitale Anwendungen erklären.
- Jugendliche können jüngere Schulkinder bei digitalen Kompetenzen weiterbilden – dies kann im Rahmen der Schule stattfinden.
- Eltern können sich untereinander austauschen und Erfahrungswerte ihrer Kinder bei der Anwendung von Apps und Games teilen.
- Oder wir bieten der alten Nachbarsdame unsere Unterstützung an, weil sie möglicherweise nicht weiß, wie sie ein digitales Busticket ordert.

Digitalisierung betrifft uns alle. Viele Menschen *können* aber aufgrund von fehlendem Wissen oder nicht vorhandenen Geräten nicht teilhaben. Das darf uns gerne animieren zu helfen: Wir können eigene Netzwerke bilden, im Freundeskreis, im Elternchat, auf dem Spielplatz. Wichtig ist, dass wir auch bei digitalen Themen kooperieren und Wissen teilen:

- Der Schule oder der Kita Hilfe anbieten, wenn wir etwas zu Digitalthemen beisteuern können, oder
- Netzwerke zu Hochschulen knüpfen, deren Studierende für Vorträge an die Schulen kommen.

Bedienen und Anwenden: Von ersten Wisch- bis hin zu umfassenderen Gerätekompetenzen

Ich erinnere mich noch gut an einen Moment, meine Tochter war gerade zweieinhalb Jahre alt, als ich die Wäsche im Wohnzimmer zusammenlegte und der Fernseher lief. Meine kleine Tochter rannte durchs Wohnzimmer, blieb vor dem Flachbildfernseher stehen, schaute drauf und wischte einmal mit der flachen Hand über die Oberfläche. Daraufhin schien sie sehr verwundert, dass sich nichts tat, und wiederholte die Bewegung mehrere Male. Ich habe ein bisschen gebraucht, um zu verstehen, was hier passierte. Ihnen ist das wahrscheinlich längst klar. Meine Tochter hatte – quasi im Vorbeigehen – die so verpönte »Wischkompetenz« erworben. Sie wächst in einem digitalaffinen Haushalt auf, beide Eltern besitzen Tablets und Smartphones, der große Bruder ebenfalls. Dass sich interessante Dinge tun, wenn man auf diesen schimmernden Oberflächen rumwischt, hatte sie begriffen. Der Fernseher war in ihren Augen kaputt.
Anika

Erzählt man diese Geschichte, erntet man unter Umständen die ein oder andere hochgezogene Augenbraue: Muss man so jung schon Kenntnisse über die Funktionsweise digitaler Medien haben? Wir stellen die Gegenfrage: Ist es schlimm, wenn ein kleines Kind weiß, dass man durch Wischen auf einem Smartphone oder Tablet eine Veränderung erzielen kann? Wir finden: Nein. **Digitalität ist Teil unseres Lebens. Unsere Kinder ahmen unser Medienverhalten nach.** Das kleine Mädchen ist einen ersten Schritt Richtung Medienkompetenz gegangen: Sie hat eine Gerätekompetenz angewendet.

Gerätekompetenz und Medienkompetenz werden häufig miteinander verwechselt oder sogar gleichgestellt. Dabei ist Gerätekompetenz lediglich ein kleiner Teil von Medienkompetenz. Sie bildet sozusagen die Basis, die wir schon im früheren Kindesalter legen, sobald die Kinder digitale Geräte nutzen. Eine stolze Omi erzählte kürzlich, die Enkeltochter bediene Youtube und Co schon ganz allein und benötige nie ihre Hilfe, denn die »Kleinen können das schon alles, bei den Geräten muss man sie gar nicht unterstützen«. Genau das ist aber ein bisschen schwierig. Ja, Gerätekompetenz ist wichtig. Aber viele, viele andere Kompetenzen eben auch. Die können Kinder nicht ohne uns erwerben. Klar, es ist super, wenn Kinder vieles alleine bewerkstelligen, trotzdem soll uns das nicht dazu verleiten, sie immer ihr Ding machen zu lassen. Bei vielen digitalen Themenbereichen brauchen sie elterliche Anleitung. Hinzu kommt, dass jüngere Kinder einfach oft nicht verstehen, was sie gerade anklicken. Sie entscheiden anhand von Bildern oder Grafiken, allerdings ist damit nicht gesagt, dass es sich dann auch um einen kindgerechten Inhalt handelt.

Gerätekompetenzen für die Kleinsten

Gerade jüngere Kinder sollten nicht allein an digitale Geräten gelassen werden. Tatsächlich ist das für Familien nicht immer lebbar. Ein digitales Spiel oder eine Serie am Tablet bedeutet eben auch, dass Mutter oder Vater selbst mal kurz durchatmen, sich um den Haushalt oder die eigenen Aufgaben kümmern können. **Wenn Kinder also zwar grundsätzlich beaufsichtigt, aber dennoch am Gerät selbst allein unterwegs sind, kann man ein paar erste Schritte üben: einschalten, ausschalten, laut und leise sowie die Anhalte-Funktion.** Letztere ist für Kinder ausgesprochen wichtig, da gerade auch Kinderserien durch zu schnelle Schnitte oder dramatische Musik für manche Kinder aufregend oder fast schon beängstigend sind. Das müssen Kinder nicht aushalten. Stattdessen dürfen sie stoppen, den Eltern Bescheid sagen und die Serie wird an einer anderen Stelle fortgesetzt oder gleich getauscht. Viele Geräte verfügen zum Beispiel über den Home-Button, der natürlich auch als Notfallknopf eingesetzt werden kann, wenn Kinder etwas sehen, womit sie sich nicht wohlfühlen.

Auch erste kleine Spiele können helfen, Wisch- und Gerätekompetenzen zu erwerben. Bitte orientieren Sie sich bei den Spielen nicht an den Charts in Ihrem App- oder Playstore, da die am häufigsten heruntergeladenen Kinderspiele vollgepackt mit ungeeigneter Werbung sind und Kinder Gefahr laufen, in Kostenfallen zu tappen. Investieren Sie lieber in gute, werbefreie Kinder-Apps ohne In-App-Käufe. Sehr gute Kinderapps bieten die öffentlich-rechtlichen Medienanstalten mit den Apps »DieMaus«, »DerElefant«, »KiKANiNCHEN«, »KiKA-Player«, »ZDFtivi« mit neuem Kleinkind-Angebot »ZDFchen« sowie die Spiele-Apps des Berliner Start-ups »Fox & Sheep«.

Digital Native oder digital naiv?

Immer wieder fällt der Begriff Digital Natives, wenn man die heutige Generation von Kindern und Jugendlichen beschreibt. Sie gelten als »Natives« – Einheimische – der digitalen Welt, weil sie mit und in ihr aufgewachsen sind, sich selbstverständlich in ihr bewegen und alles darin kompetent zu bedienen wissen. Ihre Eltern hingegen werden als Digital Immigrants – Einwanderer – bezeichnet, denen die digitale Umgebung eher fremd ist und die sich Kompetenzen im Umgang erst mühsam erarbeiten mussten.

Das mag bei den Gerätekompetenzen vielleicht noch zutreffen. Möglicherweise haben auch Sie diese Fähigkeiten quasi im Vorbeilaufen erworben. Allerdings fällt spätestens bei den Datenkompetenzen, also der Fähigkeit, Informationen auch kritisch zu hinterfragen und diese zu verarbeiten, auf, dass Kinder und Jugendliche eher digital naiv unterwegs sind – und bei genauerem Hinsehen auch tiefergehende Gerätekompetenzen nicht vorhanden sind.

> An meiner Schule bekommen alle ab Klasse 5 ein Tablet. Wir üben dann während speziell dafür eingerichteter Projekttage, wie man das Tablet technisch bedient. Diese Phase ist meist recht schnell vorbei. An- und Ausschalten, Home-Button drücken, Kamera bedienen, Fingerabdruck/Start-Code einrichten. Das können die meisten Kinder schon oder begreifen es schnell. Wenn es jedoch darum geht, ein Textverarbeitungsprogramm zu bedienen, einen Ordner zu erstellen und Dateien mit Namen zu versehen, fällt schnell auf, dass diese Kompetenzen kaum ausgebildet oder vorhanden sind. Auch vom Recht am eigenen Bild oder darüber, wie sie ein sicheres Passwort erstellen, haben die meisten noch nichts gehört.
> *Anika*

Bei Kompetenzen, die also über ein reines Bedienen von Geräten hinausgehen, brauchen Kinder Anleitung und Begleitung. Doch sind wir ehrlich: In vielen Schulen haben Dinge wie das richtige Abspeichern von Daten, sichere Textverarbeitungskenntnisse, Datenorganisation und -bewertung etc. (noch) keinen Platz. Deshalb ist es sinnvoll, Kindern von Anfang an zu Hause Inspiration und Unterstützung zu geben. Beim Fahrradfahren bringen wir ihnen schließlich auch das Klingeln, Bremsen und den Schulterblick bei. Warum dann nicht auch, wie sie Dateien benennen, Ordner erstellen und eine rechtskonforme Bildersuche machen? Fest steht: Daten- und Gerätekompetenzen brauchen unsere Kinder später in den allermeisten Berufen.

Ideen für zu Hause

Digitales Zimmeraufräumen Dokumente und Ordner zu erstellen und zu benennen, darf man sich gerne wie Aufräumen im digitalen Zimmer vorstellen. Dieses Bild verstehen auch Kinder. Am besten lernen sie das von Anfang an, dann entsteht erst gar kein (Daten-) Chaos. Wenn doch, muss eben aufgeräumt werden! Zeigen Sie Ihrem Kind die richtigen »Schubladen«, indem Sie digitale Ordner erstellen. Beschriften Sie sie gemeinsam.

Einige Kinder nutzen schon im jüngeren Alter zum Beispiel Digitalkameras, deren Fotos zunächst auf einer Speicherkarte gesichert werden. Auch den nachfolgenden Prozess, wie die Fotos auf dem Computer abgelegt werden, können Sie gemeinsam gestalten: Kopieren Sie die Bilder in einen Ordner, der erst erstellt und dann benannt werden muss. Das ist wirklich simpel, aber wenn Kinder es nie gesehen und nachgemacht haben, können sie es nicht wissen. Die Fotos will man aber vielleicht Jahre später wiederfinden. Überlegen Sie also gemeinsam mit Ihrem Kind, wie es den Ordner benennt, ob es Unterordner geben soll, wie Datum und Jahr in den Ordnernamen inkludiert werden und so weiter.

Sichere Passwörter Sobald Ihr Kind ein eigenes Smartphone hat, richten Sie vermutlich erste Passwörter ein. Machen Sie auch das gemeinsam mit Ihrem Kind, denken Sie daran, unterschiedliche Kombinationen für einzelne Anwendungen zu nutzen und sprechen Sie mit ihm über Kriterien für sichere Passwörter. Diese sind:

- mindestens acht Zeichen
- Groß- und Kleinschreibung nutzen
- Zahlen sowie Sonderzeichen verwenden

Machen Sie ein Spiel daraus. Denken Sie sich lustige Sätze aus, von denen im Passwort nur die Anfangsbuchstaben verwendet werden. Zum Beispiel: Mein Lieblingseis sind drei Kugeln Erdbeer! Dann würde sich das Passwort aus den Anfangsbuchstaben und Zahlen ableiten und lauten: MLEs3KE!

Passwörter sind gute Geheimnisse. Und die darf man für sich behalten. Wenn eine App oder jemand in einer E-Mail nach einem Passwort fragt, ist das gefährlich, weil dann viele geheime Daten eingesehen werden können.

Es gibt zur Gestaltung von Passwörtern hilfreiche Kindersendungen, zum Beispiel vom KiKA »Checker Tobi« und tolle Online-Lernmodule auf Internet-ABC.de. Wenn Sie als Erwachsener auf der Suche nach einem Passwortmanager sind, der Ihre Passwörter verwaltet und bei der Erstellung hilft, empfehlen wir Ihnen die Verbraucherzentralen, die hier regelmäßig Tipps zusammenfassen.

Die Daten unserer Kinder Beim Thema »Bedienen und Anwenden« ist auch Wissen über die eigenen Daten hilfreich, damit unsere Kinder Apps umsichtig nutzen. Daten stehen für Informationen – egal worüber. Wenn wir von persönlichen Daten sprechen, dann sind damit private Daten gemeint, wie Namen, Adressen, Geburtstage, Geschlecht und Größe. Dann gibt es noch vulnerable, also verletzliche Daten. Dazu gehören zum Beispiel sehr private Dinge wie politische Orientierung, Krankheiten oder auch psychische Probleme sowie die sexuelle Ausrichtung. Im Internet geben wir und unsere Kinder permanent Daten preis. In Suchmaschinen, sozialen Netzwerken, Fitness-Trackern, Streaming-Diensten und Onlineshops entsteht ein regelrechtes Datennetz um unsere Person. Vermindern lässt sich das nur, wenn wir uns überhaupt nicht mehr digital bewegen, also auch keine Navigationsgeräte am Smartphone nutzen, keine Suchmaschinen und so weiter. Schier unmöglich, nicht wahr?

Ganz auf digitale Anwendungen zu verzichten, ist für uns nicht mehr denkbar. **Wichtig ist aber, Kindern beizubringen, dass sie eine Menge Daten, die sie preisgeben, selbst in der Hand haben.** Sie sollten dafür sensibilisiert werden, immer darüber nachzudenken, was sie im Netz teilen und verschicken, und ob man zum Beispiel an Gewinnspielen teilnimmt – oder es zum Schutz der Daten vielleicht lieber sein lässt. Persönliche Daten können immer auch in kriminelle Hände gelangen.

Im Internet gibt es keine Klarnamen-Pflicht. Jeder kann sich zum Beispiel unter einem Pseudonym in sozialen Netzwerken bewegen. Für Kinder ist das großartig, weil kryptische Nutzernamen für mehr Schutz stehen. Ein Beispiel: Wenn sich Jugendliche bei Instagram anmelden, wird der Klarname durchaus abgefragt. Er ist aber für andere nicht sichtbar, wenn man das nicht will. Man kann sich auch einen eigenen Nutzernamen überlegen. Das finden wir nicht nur hilfreich, sondern auch wichtig. Für den Fall, dass das Profil des Jugendlichen nicht privat gestellt ist, wird es auch in der Google-Suche angezeigt. Nutzen ältere Kids hier also ihren Klarnamen mit öffentlichem Profil, ist das wieder eine neue Datenspur, der jeder folgen kann.

Neben dem Namen sollten Kinder und Jugendliche auch Geburtsdatum, Telefonnummer, E-Mail-Adresse und Wohnort, Namen der Schule und Standorte, die sie besuchen, besonders schützen. Insbesondere kostenlose Anwendungen im Netz wie Suchmaschinen, Videoplattformen und soziale Netzwerke wollen aber genau diese Daten – um passende Werbung auszuspielen.

Datenschutz heißt Selbstbestimmung. Bestärken Sie Ihr Kind darin, zu sagen: Hey, ich will selbst bestimmen, wer weiß, wo ich wohne, wie ich aussehe, welche Kleidung ich gerne trage und was ich in meiner Freizeit mache. Unterstützen Sie Ihr jugendliches Kind unbedingt auch beim Einrichten von Internetkonten, zum Beispiel bei Youtube oder in sozialen Netzwerken. Häufig wird hierfür eine E-Mail-Adresse benötigt. Geben Sie hier keine E-Mail-Adresse an, die Ihr Kind ansonsten nutzt und den Klarnamen beinhaltet. Stattdessen können Sie zum Beispiel auch eine Wegwerf-Adresse nutzen, die ausschließlich für Internetaccounts verwendet wird. Datenschutz ist die wichtigste präventive Maßnahme, wenn es darum geht, Informationen über unsere Kinder zu schützen.

»Kann das stimmen?« Die Kompetenz Recherche

Wann haben Sie das letzte Mal ein Lexikon aus dem Regal gezogen, um etwas nachzuschlagen? Könnte vielleicht schon eine Weile her sein, oder? So geht es uns auch. Wenn wir eine Frage haben, suchen wir im Netz. Wir haben gelernt, dass nichts schnellere Antworten liefert. Bei der Diagnose von (Kinder-)Krankheiten sollte man zwar davon absehen, bei anderen Fragestellungen im Leben mit Kindern sind Suchmaschinen aber mehr als hilfreich. Oder wüssten Sie prompt, wie viele Stacheln ein Igel hat, ob Fische erfrieren können oder welche Laute Giraffen machen? Wir jedenfalls nicht, für die Antwort haben wir Google befragt. Wie so oft.

Kinder hingegen sollten Google nicht nutzen. Andere Suchmaschinen sind für sie deutlich besser geeignet. Auch die richtige Suche will geübt sein, denn leider schaffen es immer wieder Falschinformationen ins Netz.

Suchmaschinen für Kinder

Es gibt Suchmaschinen, die Kinder nicht nutzen sollten. Google gehört dazu. Kinder könnten hier insbesondere durch Bildersuche oder Video-Treffer innerhalb weniger Klicks auf verstörende, sexualisierte oder auch gewaltverherrlichende Inhalte stoßen. Wenn Sie ein Kind unter zwölf Jahren haben, besprechen Sie diese Gefahr und legen Sie auf der Startseite des Browsers zum Beispiel die Kindersuchmaschinen »Blinde Kuh«, »fragFINN« oder »Helles Köpfchen« an. Kindersuchmaschinen fördern positive Surf-Erfahrungen. Hier machen Spielen, Lesen und Hören einfach noch mehr Spaß, weil durch entsprechende White-Lists nur kindersichere Angebote angezeigt werden. Die Recherchekompetenz wird gefördert und die Vielfalt digitaler Medien findet hier Platz, weil neben Texten auch Videos, Podcasts oder Spiele gefunden werden. Übrigens: »fragFINN« gibt es auch als App. Sollten bei den gewünschten Kindersuchmaschinen keine zufriedenstellenden Ergebnisse erscheinen, können Sie Kinder natürlich auch bei der Nutzung von Google begleiten. Uns geht es darum, dass Kids nicht ganz allein und ohne Ansprechpartner vor Google hängen.

Selbst, wenn ein Kind nur aus Interesse am eigenen Körper »nackte Körper« googelt, findet es über die Bildersuche sofort pornografische Inhalte. Wir finden: Kinder sollten so lange wie möglich von Pornografie ferngehalten werden. Das ist heutzutage herausfordernd. Denn selbst wenn sie nicht nach etwas suchen, werden ihnen schon mal ungefragt per WhatsApp Pornos zugeschickt. Als Erwachsener weiß man, dass Porno-Videos einer Dramaturgie folgen, dass das gezeigte Spiel nichts mit Liebe zu tun hat und Männer- und Frauenbilder völlig verzerrt dargestellt werden. Kinder können das nicht wissen. Sie sollen ihre eigene Sexualität aufgeklärt entdecken und nicht durch Google ein völlig verzerrtes Bild vermittelt bekommen. Kleiner Hack an dieser Stelle: Aktivieren Sie bei Google den »SafeSearch-Filter«: Dazu Google aufrufen, rechts das Zahnrädchen für die Einstellungen anwählen, Sucheinstellungen öffnen, Haken setzen bei »SafeSearch aktivieren«. Zusätzlich können »sexuell explizite Ergebnisse« ausgeschlossen werden. Aber Achtung: Gewisse technische Einstellungen können zusätzlich beim Kinderschutz im Netz helfen, allerdings lässt sich die Funktion bei Google genauso schnell auch deaktivieren, wie sie aktiviert wurde. Natürlich auch von Kindern und Jugendlichen.

Wir haben bei der Suchmaschine ecosia.org weniger pornografische Inhalte gefunden als bei Google. Das war unsere Erfahrung, wirklich Gewähr können wir natürlich nicht dafür übernehmen, weil Suchmaschinen permanent ihre Mechanismen verändern. Möglicherweise ist das ein Kompromiss, wenn Ihr Kind kein Interesse mehr an Kindersuchmaschinen hat, weil es schon älter als zwölf Jahre ist.

Ideen für zu Hause

Auch das richtige Suchen im Netz ist eine Kompetenz, von der Kinder nachhaltig profitieren. Dazu haben wir zwei Ideen entwickelt. Für das »Gemüse-Padlet« benötigen Sie ein Padlet, ein Smartphone sowie eine Kindersuchmaschine. Padlets kennen Sie möglicherweise spätestens seit dem Lernen auf Distanz. Und falls Sie noch kein Schulkind haben: Padlet ist eine digitale Pinnwand, auf der Sie kostenlos allerhand sammeln können. Dazu gehören Fotos, Links, Grafiken, Texte und Tonaufnahmen.

Internet-Recherche lernen mit dem Gemüse-Padlet Haben Sie mal das Gemüse, das Sie auf dem Bauernmarkt oder im Hofladen finden, mit dem verglichen, das im Supermarkt angeboten wird? Dann werden Sie sicherlich wissen, wie viele verschiedene Pilzsorten es gibt, wie unterschiedlich Auberginen aussehen können oder dass Kartoffeln nicht gleich Kartoffeln sind.

Unsere Idee: Auf dem Markt oder im Hofladen fotografieren Sie gemeinsam mit Ihrem Kind besonderes Gemüse. Zu Hause wählen Sie die besten Bilder aus und speichern sie auf Ihrem Computer ab. Nun erstellen Sie mit den jeweiligen Fotos ein Gemüse-Padlet. Sind alle Fotos im Padlet angelegt, können Sie nach und nach mit Ihrem Kind über die Kindersuchmaschinen entdecken, was die Sorten so besonders macht, und das unter dem Bild Stichpunkte notieren. Über mehrere Wochen oder gar Monate – Sie können das Padlet auch saisonal erweitern – sammeln Sie so tolle Gemüsesorten, die Ihr Kind vielleicht noch nicht kannte. Irgendwann haben Sie eine richtige, eigene Datenbank mit selbst recherchierten Inhalten.

Gewiss werden Sie bei der Recherche auch auf unterschiedliche Erklärungen stoßen: Wunderbar! Dann können Sie jetzt gemeinsam herausfinden, welche davon korrekt sind. Das ist eine erste Übung für einen Fakten-Check, ganz ohne Politik und Verschwörungstheorien. So bekommen Kinder zumindest mal ein Gefühl für Recherche. Methoden, wie man Fakten richtig prüft, finden Sie im Kapitel *Netzphänomene* unter »Fake News und Deepfakes«.

Wenn Sie das Thema Gemüse langweilig finden, können Sie die Grundidee des Padlets auf viele andere Lebensbereiche übertragen und verschiedene Infos zu Tieren, Pflanzen, Kirchen oder Burgen sammeln. Eine gute Recherche-Aufgabe für ältere Kinder ist das Thema Internetplattformen. Übrigens: Padlet-Sammlungen können via Link mit Oma, Opa, Onkeln und Tanten oder Freunden geteilt werden.

Recherchieren mit digitalen Medien in der Natur Wenn Sie am Wochenende oder in den Ferien gerne im Wald sind, haben Sie vielleicht schon einmal nachgesehen, was sich unter Hölzern und Geäst finden lässt. Kleine Tiere und Insekten lieben es, sich dort zu verstecken. Noch mehr entdecken lässt sich mit einem transparenten Schälchen oder – für die Wald-Profis unter Ihnen – einer Becherlupe. Sobald ein Insekt entdeckt wird, wird es behutsam in die Schale oder Becherlupe gesetzt, schnell fotografiert und darf danach wieder zurück in die Natur.

Zu Hause wird dann erforscht, welche Waldbewohner Sie und Ihr Kind gefunden haben. Das klappt mit Kindersuchmaschinen wie »fragFINN« oder »Blinde Kuh« – oder, falls Sie dort nicht fündig werden, mit der Suchmaschine ecosia beziehungsweise alternativ dem Insekten-Trainer des Naturschutzbundes Deutschland (NABU). Auch die App »Flora Incognita« kann zum Einsatz kommen. Sie hilft beim Bestimmen von Pflanzen, Sträuchern, Wildkräutern und Bäumen. Außerdem sind die Apps »NABU Vogelwelt« und »BIRD.net« wunderbare Begleiter in der Natur. Mit ihnen kann Ihr Kind Vogelstimmen aufnehmen, bestimmen und anhören. Mit der Waldfibel-App als Werkzeug können die Erlebnisse in der Natur vertieft werden. Sie animiert Kinder dazu, sich mit der Natur auseinanderzusetzen.

Ist das Fake?

Zum Kompetenzbereich Recherche und Information gehört auch das Thema Falschnachrichten. Falschnachrichten gab es schon immer. Durch soziale Netzwerke, Youtube und Blogs können sie sich nun aber wesentlich rasanter verbreiten. Und: Jeder kann das tun. Sie, wir, sogar Ihre Kinder. Möglicherweise sind wir alle schon auf die ein oder andere Falschnachricht hereingefallen.

Nicht alles, was im Internet steht, stimmt. Wir wissen das, unsere Kinder müssen es hingegen noch lernen. Selbst Wikipedia ist nicht so verlässlich wie ein Brockhaus, denn jeder kann ohne sichtbaren Klarnamen auf dieser Plattform mitmachen, und es gibt keine Redaktion, die hier kontrolliert. Das schafft Vielfalt, aber eben auch die Gefahr, dass nicht alles faktisch korrekt ist. Um tiefer in das Thema einzusteigen, lesen Sie hierzu den Abschnitt Fake News und Deepfakes im Kapitel *Netzphänomene*. Darin erklären wir auch Tools, wie man Falschnachrichten enttarnen kann.

Wenn Sie einen spielerischen ersten Zugang zu dem Thema suchen, um Ihren Kindern das Grundprinzip von Falschnachrichten zu erklären, eignen sich Aprilscherze besonders gut: Wir geben uns hier sehr viel Mühe, eine Geschichte plausibel klingen zu lassen, die von vorne bis hinten erfunden ist. Nehmen Sie also gerne Aprilscherze zum Anlass, um Ihren Kindern zu vermitteln, dass nicht alles, was glaubwürdig scheint, auch der Wahrheit entsprechen muss. Sollten Kinder schon etwas älter sein, können Sie auch am ersten April gemeinsam eine Tageszeitung lesen und überlegen, wo sich die Zeitungsente versteckt – oder Sie durchsuchen die Online-Archive der Tageszeitungen nach April-Meldungen. Das schafft ein Bewusstsein dafür, dass auch Gedrucktes hinterfragt werden darf und nicht unbedingt stimmen muss. Eine weitere Möglichkeit ist, ein gemeinsames Familienquiz zu spielen, bei dem sich jeder drei Aussagen überlegt, von denen jeweils eine erfunden ist. Die anderen müssen dann erraten, welche nicht stimmt. Das ist simpel, schärft aber erste Antennen, um Falschnachrichten kindgerecht zu erklären. Mit dem Quiz werden außerdem lange Autofahrten oder Wartezeiten gleich viel spannender.

In meinem WhatsApp-Postfach landeten allein in den letzten sieben Tagen drei unseriöse Meldungen. Die eine zeigte einen Politiker mit einem Zitat, das er so nie gesagt hatte. Die zweite war ein Kettenbrief zu angeblichen Einstellungen, die WhatsApp heimlich und über Nacht verändert habe, die dritte ein Kettenbrief, dass Betrüger von Tür zu Tür gehen und Schutzmasken mit Betäubungsmittel verteilen würden. Als Leserin von mimikama.at und correctiv.org kenne ich die meisten Fakes, bevor sie auf meinem Smartphone landen.
Warum finden diese Inhalte so viel Verbreitung? In erster Linie, weil sie uns nicht von einer anonymen Nummer weitergeleitet werden, sondern meist von einer Person, die uns nahesteht und der wir vertrauen. Wenn ich eine Falschnachricht an meine Tante schicken würde, würde sie die Meldung unter Umständen nicht hinterfragen, weil sie ja weiß, von wem die Nachricht kommt. Sie leitet sie vielleicht ebenfalls weiter. Es kommt auch vor, dass meine Filterblase – zum Beispiel bei Facebook – mir Falschnachrichten in den Feed spült, weil Freunde sie geteilt haben. Dafür sorgt der Algorithmus, der sich ge-

merkt hat, dass ich nach diesem Thema schon einmal im Netz gesucht habe. In meine Filterblase schaffen es andere Meinungen und Ansichten also gar nicht mehr, weil die Technik dahinter weiß, bei welchen Beiträgen ich hängen bleibe, wem ich folge und was ich lese.
Leonie

Falschnachrichten werden auch im Familien- und Freundeskreis geteilt. Alle oben erwähnten Nachrichten kamen nicht von Kindern, sondern von Erwachsenen. Es ist verrückt, aber ganz oft sind es gerade die Älteren, die Falschnachrichten verbreiten, erfundene oder verzerrte Grafiken mit politischen Sprüchen verschicken oder Kettenbriefe weiterleiten. Vielleicht ist es an der Zeit, dass alle Generationen mehr Medienkompetenz erwerben.

Die große Versuchung oder Konsum im Netz: Die Kompetenzen Analysieren und Reflektieren

»Bitte, bitte, bitteee!!! Ich will das unbedingt!« Kinder haben viele Wünsche, die Eltern manchmal zu schaffen machen. Sei es der neueste Ninjago-Lego-Bausatz, der Barbie-Camper oder auch das Fidget-Spielzeug: Kinder können sehr beharrlich sein. Nun haben aber natürlich auch wir Erwachsenen durchaus (materielle) Wünsche, die wir uns zwischendrin gerne erfüllen. Wir wissen in aller Regel aber, dass nicht alles machbar ist, und hinterfragen, woher unsere Wünsche kommen. Zumindest meistens.

Kindern liegt das fern. Sie wollen etwas unbedingt haben und können teils gar nicht benennen, wieso. Andere Kinder, also die Peergroup, spielen dabei eine entscheidende Rolle. Die großen Trends, also die Dinge, »die alle, ALLE (!) anderen haben«, sowie das Bedürfnis, bestimmte Sachen von gewissen Marken haben zu wollen, haben ihren Ursprung meist in gezielter, medialer Bedürfnisweckung. Dabei sind manipulative Mechanismen im Einsatz. Diese kritisch zu hinterfragen, ist zentraler Bestandteil von Medienkompetenz – auch schon lange vor der Digitalisierung. Dazu gehört nicht nur, ein Gespür für (Online-)Werbung zu bekommen, sondern auch die eigene Mediennutzung zu prüfen.

Das Thema betrifft uns alle und über kurz oder lang auch unsere Kinder. Wie können sie für Medienangebote und Werbung sensibilisiert werden? Welche Rolle spielen Influencer bei ihren materiellen

Wünschen? Und wie lernen sie, ihr eigenes Medienverhalten kritisch zu reflektieren und eigenständig zu regulieren?

Omnipräsente Werbung

Es gibt eigentlich keinen Lebensbereich mehr, in dem Kinder heutzutage nicht mit Werbung konfrontiert werden: an der Bushaltestelle, in unseren Zeitschriften, beim Fernsehen, am Bahnhof, beim Einkaufen, aber eben auch im Internet, bei Youtube oder, wenn es schlecht läuft, womöglich noch in Apps. Werbung ist im Internet omnipräsent – auch für Kinder.

> In vielen Familien dürfen Kinder bei den Großeltern ein bisschen mehr als zu Hause. Das ist bei uns schon immer so gewesen. Oma und Opa erlaubten zum Beispiel auch schon Fernsehgucken am Vormittag. Für meine Kinder war das in zweierlei Hinsicht etwas Besonderes, weil bei uns der Fernseher eigentlich nur noch für die Bundesliga eingeschaltet wird. Sie kamen dann aus heiterem Himmel mit Wünschen nach Hause, die ich mir nicht erklären konnte. So sollte es zum Beispiel das ganz besondere Schoko-Ei sein, denn darin war gerade, und nur für eine begrenzte Zeit, eine Spielfigur, die meine Tochter unbedingt besitzen wollte, gerne auch extra in Rosa: »Für Mädchen.« Auf die Frage, wie sie darauf komme, sagte sie: »Hab ich bei Opa im Fernsehen gesehen.« Dieses Beispiel zeigt nicht nur, wie schnell die gender- und farbneutrale Babykleidung, um die ich mich so bemüht hatte, vergessen war, sondern auch, wie leicht Kinder durch Werbung zu beeinflussen sind.
> Man kann an dieser Szene jedoch auch sehr deutlich einen klaren Vorteil der Digitalisierung erkennen. Bei uns durften die Kinder auch bestimmte Serien oder kindgerechte Programme

gucken – allerdings immer auf dem extra eingerichteten Tablet. Der unschätzbare Vorteil daran, nämlich dass meine Kinder von zahlreichen Werbespots, die etliche Begehrlichkeiten wecken, verschont bleiben, ist mir erst durch die Besuche bei den Großeltern klar geworden.
Anika

Kinder sehen Werbung überall: im Fernsehen, bei Youtube und (leider) in zig Onlinespielen. Es sei denn, sie schauen nur auf den öffentlich-rechtlichen Kanälen (tagsüber) oder bei werbefreien Streaming-Diensten, die wir Eltern bezahlen.

Werbung ist aber nicht gleich Werbung. Wenn ich Werbung an der Bushaltestelle sehe, kann der Werbende nicht nachvollziehen, dass ich sie gesehen habe. Bei Onlinewerbung ist das anders. Sie verfügt über einen Rückkanal, ganz gleich, ob ich sie bei Facebook, Instagram, Google oder Youtube sehe. Teilweise werden Cookies auf meinem Gerät gespeichert. Sie bilden mein Surfprofil. Werbende wissen also, wer ich bin, was ich mache, auf welchen Seiten oder in welchen Apps ich surfe und teilweise auch, welche Kontakte ich habe. Sie kennen mein Alter, mein Geschlecht, meinen Wohnort und meinen Bildungsgrad. Auch in einigen Kinder-Apps ist das der Fall. Wir als Erwachsene wissen das oder haben zumindest schon mal davon gehört. Wir wissen, dass wir vermeintlich kostenlose Tools wie Instagram, Facebook, Google und Co genau genommen schon bezahlen – und zwar mit unseren Daten. Wir sind an Werbung gewöhnt, können einordnen, dass sie einen ökonomischen Hintergrund hat und schaffen es meist, werbliche von redaktionellen Beiträgen zu unterscheiden. Kinder müssen das noch lernen.

Kleinkinder und Werbung

Wenn wir davon ausgehen, dass Kinder im Alter von drei, vier oder fünf Jahren glauben, dass das, was sie im Netz sehen, echt ist, dann sollten wir auch schon mit Kleinkindern über Werbung sprechen. Sie müssen in der Lage sein, Werbung als solche zu erkennen, um damit umgehen zu können. Denn: Kinder werden bei Werbung ganz direkt und gezielt angesprochen. Werbetreibende machen sich also zunutze, dass Kinder die kommerzielle Intention dahinter nicht erkennen können. Außerdem ist Werbung für Kinder so gemacht, dass sie glatt als Unterhaltung durchgehen könnte. Kleine Kinder sollen die wirtschaftlichen Hintergründe überhaupt nicht durchschauen, so der Plan der Werbeindustrie.

Wenn Kleinkinder lernen, Werbung zu erkennen und ihre Hintergründe zu verstehen, können sie bewusster damit umgehen. Nehmen wir folgendes Beispiel: Ein Kind will unbedingt das Kindermenü einer großen Fastfood-Kette, weil es so lecker ist. Zum Spielen ist auch was dabei. Augenscheinlich – und wenn man nur aufs Foto schaut – bietet das Gericht aus Kindersicht auch alles: Hauptspeise, Beilage, Getränk, Frucht und Geschenk. Klingt erst einmal gut und nach Spaß. Trotzdem wissen wir Erwachsenen, dass ein Kindermenü einer Fastfood-Kette alles andere als ausgewogen ist. Aber woher sollen unsere Kinder das wissen? Woher sollen sie wissen, dass die Werbung im Internet zu genau diesem Gericht genau genommen gar nicht so stimmt? Woher sollen sie wissen, wie Werbebotschaften funktionieren?

Da kommen wir Eltern ins Spiel. Wir können mit unseren Kindern über Werbung sprechen, zum Beispiel während einer gemeinsamen Fahrt im Bus oder Auto. Werbung ist überall, man entdeckt sie also schnell und quasi jederzeit. Natürlich kann auch Onlinewerbung am Smartphone oder Tablet ein Gesprächsanlass sein. Wichtig ist, dass wir Werbung nicht einfach unkommentiert geschehen lassen und hinnehmen, sondern aufgreifen und unsere Kinder dabei zum Hinterfragen anregen.

Egal, wie alt unsere Kinder sind – wir können ihnen altersgerecht erklären, wie Werbung funktioniert und warum es sie überhaupt gibt. Hier ein Beispiel in Kindersprache: Werbung wird gemacht, damit wir etwas kaufen. Wir sollen auf etwas aufmerksam werden, das wir plötzlich unbedingt haben möchten. Damit wir dann auch kaufen, sagen die in der Werbung vielleicht nicht immer alles. Manche Sachen verraten sie nicht, zum Beispiel Dinge, die daran doof sind. Sonst würden wir das Ding ja nicht kaufen.

Wenn das Thema bei Kindern erst einmal präsent ist, werden sie Werbung erkennen und diese viel differenzierter – aus Kindersicht, versteht sich – betrachten.

Zeigen Sie Ihrem Kind den Schließen-Button »x«, der sich häufig bei Anzeigen im Netz findet, und üben Sie die Anwendung. Für Kinder zwischen sechs und zwölf Jahren gibt es ein gutes Lernmodul der Seite Internet-ABC.de, das erklärt, wie Onlinewerbung funktioniert.

Teenager und Influencer

Als meine Tochter dreizehn Jahre alt war, das liegt nun fünf Jahre zurück, spielte Instagram in ihrer Welt noch keine Rolle. Sie folgte Youtuberinnen. Auf ihrer Wunschliste stand der Duschschaum von Bibis Beautypalace. Meine Tochter war geinfluenced. Richtig bewusst wurde mir das an dem Tag, an dem wir in der Stadt in einer Parfümerie stöberten und sie überzeugt war, dass die Schminkpinsel dort nur gut sein können, sonst hätten sie doch nicht alle Youtuberinnen. Ich war zu diesem Zeitpunkt selbst hauptberuflich als Familienbloggerin tätig, ich kannte den Markt und die Preise, die Bloggerinnen und Youtubern für derartige Kooperationen gezahlt wurden. Obwohl meine Tochter mitbekam, wie häufig ich selbst Kooperationen absagte, weil manche Produkte großer Mist waren, hinterfragte sie das bei ihren Youtuberinnen nicht. Es war, als habe eine Freundin ihr ein Produkt empfohlen.

Wir kamen später ohne die besagten Schminkpinsel aus der Stadt zurück. Ich war fest davon überzeugt: Das ist überteuerter Mist. Dann haben wir recherchiert. Ich habe mit ehemaligen Kolleginnen gesprochen, die bei unseren TV-Produktionen als Visagistinnen gearbeitet hatten. Tatsächlich sagten mir alle, dass die Pinsel zwar teuer, aber wirklich gut seien. Diese Synthetikpinsel stünden im Vergleich zu Naturhaarpinseln für mehr Tierschutz, da für Naturhaarpinsel Eichhörnchen oder Nerze sterben. Auch würden die Synthetikpinsel weniger Make-up aufnehmen, sodass man die eigenen Produkte sparsamer einsetzen könne. Meine Tochter hatte also recht. Die Dinger waren gut. Was seitdem geblieben ist: Sie hinterfragt jede Produktempfehlung aus dem Netz. Bis heute zeigt sie mir Dinge, die sie findet oder die Influencerinnen empfehlen. Und dann recherchieren wir.

Leonie

Influencer bewerben Produkte und wir erfahren im gleichen Atemzug, dass wir das »Must-have« sogar noch günstiger bekommen, wenn wir es jetzt sofort kaufen. Einen Rabattcode gibt's nämlich auch. Das beeinflusst natürlich unser Konsumverhalten und erst recht das von Kindern, die bereits Instagram nutzen. Wenn wir Influencerinnen gefühlt immer nahe sind, weil wir sie am Morgen beim Aufstehen sehen, ihren Tag beobachten können und sie uns am Abend unter Tränen von ihrem »Struggle« erzählen, dann schafft das eine Nähe, fast so, als wäre man auf irgendeine Art befreundet. Vermutlich wissen Sie das schon, aber Ihr Kind vielleicht nicht: Diese Nähe ist nicht real. Sie ist häufig Teil einer Inszenierung, eines Redaktionsplans, das Sichtbare nach zig E-Mails, Absprachen und Freigaben mit Werbekunden. Um die Follower bei der Stange zu halten, braucht es ausgewogene Inhalte und auch mal Skandale, damit die Werbung nicht als zu massiv empfunden wird und das Gefühl der Nähe bleibt. Alle Followerinnen sehen immer nur bewusst gewählte Ausschnitte.

Nun sind auch wir bei Instagram unterwegs und haben dort unsere eigenen Kanäle. Auch wir haben schon Dinge gekauft, nachdem sie eine andere Mutter empfohlen hat. Das sind auch keine Kaufentscheidungen, die wir bereuen, weil wir durchaus abwägen können, was wir wirklich benötigen und ob es uns das Geld wert ist. Kindern und Jugendlichen fehlt diese Weitsicht häufig noch. Influencer können durchaus inspirieren, sie erklären uns Dinge, unterhalten uns. Die permanente Werbung kann jedoch auch Unzufriedenheit auslösen: Warum kann ich mir das nicht kaufen, was er oder sie trägt? Und: Sie schafft permanente Kaufanreize.

Große Youtuberinnen promoten zum Beispiel ein glücksspielähnliches Onlinegame. Das ist bedenklich, weil Kinder hier permanent in Kostenfallen tappen können und zum Glücksspiel verleitet werden. Nicht alle Influencer und Youtuber prüfen die Produkte, die sie bewerben, daher sollten die Empfehlungen immer hinterfragt werden. Zum Glück wird Instagram aber nicht nur von Produktfluencern geprägt. Dort finden sich auch relevante, gute, hilfreiche und sogar politische Kanäle. Es wäre also viel zu einfach zu sagen: Instagram ist per se ein schlechtes Medienangebot, weil es dort permanent zu Kaufanreizen kommt. Instagram ist vielfältig. Ermuntern Sie Ihre älteren Kinder, wenn sie die App bereits nutzen können, die eigene Blase zu hinterfragen: Bringen die Kanäle, denen ich folge, wirklich einen Mehrwert für mich? Machen sie mir gute Laune oder setzen sie mich eher unter Druck, weil ich ständig Dinge sehe, die ich mir nicht kaufen kann?

Wir können unsere Kinder begleiten, wenn sie Konsumanreizen ausgesetzt sind, indem wir ihre Wünsche analysieren und in den Dialog gehen. Im Gespräch stellen Kinder häufig fest, dass sie die Produkte, die sie bei Youtube oder Instagram gesehen haben, eigentlich gar nicht benötigen. Bevor wir als Eltern eine grundsätzliche Abwehrhaltung einnehmen, regen wir unsere Kinder lieber an, ihre Wünsche zu reflektieren, Fragen zu stellen und mit uns darüber zu sprechen. Kinder müssen erst lernen, mit Konsumanreizen umzugehen – wie vieles im Bereich der Medienerziehung ist das aber im Prinzip kein Hexenwerk. Wenn wir uns mit unseren Kindern mehr Wissen aneignen, setzen wir uns reflektierter mit der eigenen Mediennutzung auseinander. Das führt zu einem selbstbestimmten Umgang damit – in der ganzen Familie.

Digitales anwenden: Die Kompetenzen Problemlösen und Handeln

Apps und digitale Lösungen bestimmen unseren Familienalltag. Wir organisieren unsere Termine über einen digitalen Kalender, sammeln unsere Einkaufsliste via App, lesen Nachrichten nicht mehr auf Papier und suchen Rezepte auf Internetseiten. Digitale Medien sind unsere Werkzeuge, wenngleich wir natürlich auch durch sie konsumieren: indem wir auf Social-Media-Plattformen stöbern und scrollen, was die anderen schreiben, Serien schauen oder Youtube-Videos gucken.

Bei unseren Kindern sehen wir, dass sie digitale Geräte meist anders nutzen. Weniger als Werkzeuge, sondern mehr fürs Spiel und als Unterhaltung. Gleichzeitig hat die Pandemie gezeigt, wie großartig beispielsweise Lernprogramme und -videos unterstützen können. Es gibt durchaus sinnvolle Apps für Kinder, in denen sie große Lernerfolge erleben.

Bei der Kompetenz rund um Problemlösung und Handeln ist also nicht das Ziel, künftige Programmierer zu Hause auszubilden. Vielmehr sollten wir Kindern einen kreativen Zugang zu Medien ermöglichen, indem wir ihnen die vorhandenen Werkzeuge aufzeigen, um sie eigenständig nutzen zu können. Dazu gehören auch einfache Programmieranwendungen, die Kindern zeigen, wie Computer agieren. Auf diesem Weg entwickeln sie ein Grundverständnis für Algorithmen und künstliche Intelligenz. Das wiederum bedeutet, dass sie durchschauen, warum Youtube welche Videos vorschlägt oder wie

Instagram und TikTok den eigenen Feed, also den Bereich, den wir angezeigt bekommen, genau so gestalten, wie wir ihn vorfinden.

TikTok und Instagram können selbst übrigens auch wunderbare Werkzeuge sein. Natürlich bergen beide Apps Risiken und Gefahren, darauf gehen wir im Kapitel *Social Media begleiten* ein. Digital begleitete Kinder ab dreizehn Jahren können damit auch sinnvolle Inhalte erstellen und lernen wichtige Kompetenzen wie Videos aufnehmen und bearbeiten. Sie begreifen zudem die Funktion der Effekte und Filter samt ihrer Wirkung. Zudem erhalten Kinder noch mehr Einblick in die Funktionsweisen von Algorithmen, die neben den Interessen der User auch Bedingungen wie Hashtags berücksichtigen.

Programmieren spielerisch erlernen

Beim Programmieren stehen folgende Kompetenzen im Vordergrund:

- Verstehen, wie Geräte funktionieren
- Mechanismen durchschauen
- Werkzeuge anwenden

Der Einstieg gelingt schon mit Kindern ab dem Vorschulalter wunderbar oder spätestens in den jüngeren Grundschuljahren. »Robo Wunderkind« hat beispielsweise einen Kinder-Roboter entwickelt, den Kinder bauen können. Weil er mit Lego-Steinen kompatibel ist, steht im ersten Schritt das haptische Erlebnis im Vordergrund. Mit einer App können dem Roboter Aufgaben gestellt werden: Fahre zuerst nach links, blinke zweimal und fahre dann nach rechts. Dank einfachen Steuerungselementen, Lichtern und Tönen haben Kinder hier den Dreh schnell raus. Im Vorschulalter benötigen sie hierbei noch Unterstützung durch einen Erwachsenen. Ältere Grundschulkinder können nach der Ersteinrichtung und mit der App »Robo Code« aber schon selbst programmieren. Für Kinder zwischen acht und sechzehn

Jahren eignet sich die Scratch-basierte App »Robo Blockly« – sie greift auf die visuelle Programmiersprache »Scratch« zurück.

Auch »Foldio« verknüpft das haptische Erlebnis mit der digitalen Welt. Kinder basteln etwas und programmieren ihr Werk über den »Calliope mini«, ein darin verstecktes Interface. Das ist sehr simpel. Auch wenn Sie als Eltern überhaupt kein Wissen darüber haben: Keine Sorge! Jeder Schritt wird angeleitet.

»ScratchJr« ist die vermutlich bekannteste Programmier-App für Kinder. Mit Scratch können ab einem Alter von etwa acht Jahren einfache Projekte, wie zum Beispiel ein digitales Familienportrait, erstellt werden.

Übrigens: Das Herantasten an Programmieren und Co funktioniert auch analog sehr gut. Es gibt verschiedene Brettspiele, die spielerisch erfahrbar machen, wie Programmierprozesse ablaufen. Dazu gehören »Codemaster« und für die etwas jüngeren Kinder »Robot Turtles«. Auch »Turing Tumble«, vergleichbar mit einer Murmelbahn, schafft spielerische Annäherung in diesem Bereich. Und wenn Sie Ihrem Kind einen Workshop zum Thema Programmieren buchen möchten, empfehlen wir die »HABA Digitalwerkstatt«.

Die gemeinnützige Gesellschaft »App Camps«[9] empfiehlt auch »Lightbot« und »Ozobot«. Lightbot ist eine App zum Lösen verschiedener Rätsel und eignet sich für Kinder ab fünf Jahren. Mit den etwas teureren Mini-Robotern von Ozobot können Grundschulkinder ebenfalls erste Programmierkenntnisse erwerben. Viele gute Tipps und Ideen rund um digitales Lernen und Programmieren finden sich auch beim unabhängigen Ratgeber-Magazin *Coding Kids*.

Lernspielsysteme

Ein großartiges System zum Spielen und gleichzeitigen Lernen ist die Welt von »Osmo«. Osmo verbindet echtes Spiel mit App-Umgebung und schlägt damit eine Brücke zwischen analogem und digitalem Spiel. Das Lernsystem wird bislang nur für Apple-iPads und Fire-Tablets angeboten, ist aber großartig umgesetzt. Die Kinder bauen zum Beispiel mit echten Holz-Legesteinen Figuren. Osmo nutzt verschiedene Technologien, um das, was das Kind auf den Tisch legt, in die App zu übertragen. Kinder lernen, ihre räumliche und visuelle Problemlösefähigkeit zu trainieren. Des Weiteren gibt es den Spiele-Klassiker »Tangram«, bei dem über 500 geometrische Figuren gelegt werden können.

Ein kreatives Lernerlebnis vermittelt auch das Pizza-Spiel, bei dem Kinder anfangs nur Pizzen belegen. Später müssen die Gäste ihre Pizza bezahlen, wobei sie das Geld nicht immer passend haben. Mit Spiel-Geldscheinen geben die Kinder Rückgeld und müssen dabei rechnen. Das Papiergeld ist als fühlbares Spielgerät enthalten. In dieser Art gibt es je nach Interessen und Alter Rechenspiele, Rechtschreibtrainer, Malspiele und Programme, bei denen physikalische Gesetzmäßigkeiten erlernt werden. Das findet alles digital statt, aber eben so, dass Kinder nicht stumm vor dem Gerät sitzen, sondern aktiv etwas tun müssen. Mit dem »Little Genius Starter Kit« gibt es Osmo mittlerweile auch für Kinder ab drei Jahren. Es fördert grundlegende Entwicklungskompetenzen, wie Wortschatz, Buchstaben, Emotionen und Problemlösen. Auch hier kommt physisches Spielzeug zum Einsatz, das durch Augmented Reality und eine reflektierende künstliche Intelligenz digital erkannt wird.

Den Allerkleinsten widmen sich auch Franziska Steiner und Irene Klemm. Sie sind die Gründerinnen von »edurino« und möchten Kinder sicher an digitale Medien heranführen. Ihr Starterset mit Füchsin Mika vermittelt Digitalkompetenzen und Schulvorbereitung für Kinder ab vier Jahren. Unter edurino.com können Sie sich ansehen, wie das konkret funktioniert.

Digitale Werkzeuge zielgerichtet einsetzen

Kinder und Jugendliche können lernen, digitale Werkzeuge und Medien für ihre Zwecke anzuwenden, um Schwierigkeiten zu überwinden oder Abläufe zu verbessern. Konkret: Digitale Lernprogramme zu kennen und zu benutzen, wird für Kinder immer wichtiger. Das zeigte sich nicht zuletzt während der Schulschließungen aufgrund der Corona-Pandemie. Aber auch bei geöffneten Schulen verstehen Kinder nicht immer alles auf Anhieb, was ihre Lehrkräfte erklären. Manche trauen sich vielleicht nicht, noch mal nachzufragen, sondern wollen sich das Wissen lieber selbst aneignen. Kinder lernen schließlich ganz unterschiedlich. Manche Kinder lernen beim Zuhören besser, andere wiederum beim Lesen, wieder andere durch das Spiel oder simple Videos. All das kann das Netz liefern. Am Ende dieses Buches finden Sie konkrete Tipps für lernbegleitende Apps und Tools. Eins sei schon mal verraten: Viele Kinder frischen ihr Mathewissen bis zum Abitur mit den Videos von Daniel Jung auf. Wer Jung in den sozialen Medien folgt, wird zahlreiche begeisterte Kommentare finden: »Du hast mich durch die Schulzeit gerettet!«

Lernen mit Youtube, TikTok, Instagram

Youtube, TikTok und Instagram können wir als Plattformen nicht uneingeschränkt empfehlen, dazu mehr im Kapitel *Social Media begleiten*. Kinder, die Themen in der Schule nicht verstanden haben, suchen aber häufig genau dort Hilfe und jemanden, der ihnen noch einmal alles erklärt. Grundsätzlich spricht auch nichts dagegen, Erklärvideos und -inhalte aus dem Internet zu nutzen. Je nach Alter sollten Kinder aber begleitet werden. Positiv an digitalen Angeboten ist natürlich, dass Kinder häufig viel motivierter und mit Spaß lernen. Es ist einfach cooler, am Tablet oder Smartphone etwas in der eigenen Sprache erklärt zu bekommen und somit manchmal auch verständlicher.

Youtube ist die bekannteste kostenfreie Plattform mit den meisten Lerninhalten, von denen viele auch empfehlenswert sind. Auch auf TikTok und Instagram finden sich vermehrt Kanäle mit hochwertigerem Content, als man vielleicht zunächst erwartet. Grundschulkinder sollten diese Plattformen jedoch in keinem Fall unbegleitet nutzen.

Sicher unterwegs: Gute Kinder-Apps erkennen

Kinder wollen natürlich nicht nur Lern-Apps nutzen, sie lieben es auch, in Apps zu spielen. Das Spiel hat häufig aber kein gutes Image – obwohl wir aus dem analogen Leben durchaus wissen, dass Kinder insbesondere im Spiel lernen. Digital spricht man ihnen diese Kompetenz ab, vielleicht auch, weil unter den Spiele-Apps für Kinder so viel Murks dabei ist.

Ja, die App-Stores sind voll mit niedlich anmutenden Apps. Das Angebot ist riesig. Als Eltern den Überblick zu behalten, ist nicht einfach. Wir sind geneigt, uns die App-Charts anzusehen, nach dem Motto: Was sich die Mehrheit heruntergeladen hat, kann ja nicht so schlecht sein. Davon raten wir unbedingt ab. Stiftung Warentest hat sich in der Vergangenheit mit genau diesen Apps beschäftigt. Schon 2017 war dort zu lesen: »Von 50 beliebten Smartphone-Spielen ist kein einziges unbedenklich.«[10] Zwei Jahre später nahm Stiftung Warentest weitere Spiele unter die Lupe mit dem Fazit: »Alles andere als kindgerecht.«[11]

Es gibt aber auch gute Nachrichten. Sinnvolle Kinder-Apps zu erkennen, ist eigentlich kein Hexenwerk, wenn man weiß, worauf man achten sollte. Verabschieden Sie sich also gedanklich von Chartlisten. Suchen Sie lieber nach Stichworten, die Ihr Kind interessieren, und prüfen Sie dann anhand der nachfolgenden Liste, ob die Anwendung für Ihr Kind geeignet ist.

Die App enthält keine In-App-Käufe Umsatzstarke, kostenlose Kinder-Apps enthalten sehr häufig In-App-Käufe, sodass Kinder permanent mit Kaufanreizen gelockt werden: zum Beispiel, um der Spielfigur ein anderes Outfit zu verpassen oder im Level schneller nach oben zu steigen. Je nach Alter können Kinder aber nicht überblicken, dass digitales Geld in Form von Coins tatsächlich in echt bezahlt werden muss. Daher raten wir von Apps mit In-App-Käufen bei Kindern generell ab. Wenn Sie auf Nummer sicher gehen wollen: Erwirken Sie beim Mobilfunkanbieter eine Drittanbietersperre. Das geht teils telefonisch, teils schriftlich, und schützt Kinder vor Kostenfallen.

Es gibt keine Chatfunktion Chatfunktionen in Kinder-Apps ermöglichen, dass Fremde Kontakt zu Ihrem Kind aufnehmen. Unglaublich wichtig ist, diese Anwendungen erst gar nicht zu nutzen oder aber – sofern möglich – die Chatfunktion zu deaktivieren. Kaum ein Problem ist das bei Kindern im Grundschulalter oder jünger. Bei älteren Kids gestaltet sich das jedoch schwieriger, da sie Onlinegames häufig mit Freunden spielen und sich währenddessen im Chat austauschen müssen. Haben Sie dann ein Auge darauf. Sensibilisieren Sie Ihr Kind für Fremde im Netz und Cybergrooming. Mehr dazu finden Sie im entsprechenden Abschnitt im Kapitel *Netzphänomene*. Bis dahin: Nutzen Sie für Ihr Kind Apps ohne Chatfunktion.

Die App ist werbefrei Wir kennen Kinder-Apps, die laut App-Stores angeblich ab vier Jahren freigegeben sind, aber Werbung enthalten, die überhaupt nicht für kleinere Kids geeignet ist. Bevor Ihr Kind also eine Anwendung nutzt, bespielen Sie selbst die App, um herauszufinden, ob sich Werbung findet.

Die App hat überwiegend positive Bewertungen Rezensionen in den App-Stores sind häufig ein guter Richtwert, um ein Gespür für die Anwendung zu bekommen. Wenn eine App hervorsticht, weil sie Fremden eine Kontaktaufnahme ermöglicht, wird dies in den Rezensionen kommentiert. Sollten Sie sich bei einem Onlinespiel unsicher sein, befragen Sie außerdem die Website spieleratgeber-nrw.de.

Dort finden sich pädagogische Beurteilungen zu Konsolen- und Onlinespielen.

Die App ist ohne WLAN bespielbar Insbesondere, wenn Sie Kinder-Apps zum Beispiel auch auf längeren Autofahrten nutzen möchten, ist es wichtig, dass diese auch offline bespielbar sind.

Die App muss nicht mit einem sozialen Netzwerk verknüpft werden Kinder sollten nicht gezwungen werden, eine App nur dann nutzen zu können, wenn sie mit einem sozialen Netzwerk verbunden ist – zumal viele Kinder aufgrund ihres Alters noch gar keine Accounts haben.

Werden Sie nicht skeptisch, wenn manche Apps nach den obigen Kriterien als seriös und sicher erscheinen, aber Geld kosten. Oftmals sind es genau die kostenpflichtigen Apps, die besonders sicher für Kinder sind. Alternativ empfehlen wir Ihnen die immer kostenlosen Apps der öffentlich-rechtlichen Rundfunkanstalten. Pädagogische Beurteilungen finden sich auch zu Kinderserien und -filmen. Dafür können Sie einfach die Suchfunktion auf der Website flimmo.de nutzen.

Gemeinsamkeit, Augenhöhe, Rituale und Verständnis für die Welt des anderen – auch im Digitalen

Digitalität kann unser Familienleben bereichern, Spaß machen, Gemeinsamkeit und Nähe schaffen und gleichzeitig wichtige Zukunftskompetenzen schulen.

Angst vor dem Bildschirm und »viereckige Augen« dürfen wir ab sofort hinter uns lassen und gemeinsam mit unseren Kindern einen entspannten Weg gehen. Wir alle sind mehr als nur Konsumenten. Digitale Medien stehen nicht nur für Unterhaltung. Unsere Kinder können damit jederzeit zu Gestaltern werden und dürfen zeit- und ortsunabhängig mitmachen! Mit den richtigen Ideen, Tools und Apps tüfteln und knobeln sie, experimentieren und forschen, sind kreativ und entwickeln Kompetenzen. Sie lernen, dass Fehler Helfer sind und sie Hürden überwinden können. Gute Apps und Onlineanwendungen bieten Zugang zu Wissen und jede Menge Information. Wenn wir Tablets, Smartphones und andere digitale Medien als das nutzen, was sie sind, nämlich wunderbare Werkzeuge, passen Digitalität und Familie ganz prima zusammen. Familie will gelebt und zusammen gestaltet werden. Im analogen Raum geschieht das durch Rituale wie abendliches Vorlesen, gemeinsames Essen, einen Spieleabend oder den Ausflug in den Zoo. Familie wird aber auch online erfahren – durch Messenger-Familiengruppen, das Teilen von Fotos und Erlebnissen oder Videocalls mit Verwandten. Es spricht ganz viel dafür, mithilfe digitaler Möglichkeiten dieses Familienleben noch bunter und vielfältiger zu machen und Online-Qualitätszeit miteinander zu verbringen. Gemeinsam programmieren, filmen, zocken und voneinander lernen – innerhalb eines sicheren Rahmens, der von den Eltern gesteckt wird. **»Einfach mal machen« hilft unglaublich, den Schrecken vor digitalen Themen zu verlieren.** Und der ist immer noch da, in vielen Familien, aber auch im gesamtgesellschaftlichen Diskurs.

Wir sagen: Familien brauchen Gemeinsamkeit, Augenhöhe, Rituale, Verständnis für die Welt des anderen und einen geschützten Rahmen. Wie dieser Rahmen im Netz aussehen kann und wo die Stolpersteine für Kinder und Jugendliche liegen, lesen Sie in Teil II dieses Buches.

Teil II: Wie Kinder sich in der digitalen Welt sicher bewegen

Wir sprechen im zweiten Teil über Social Media und die einzelnen Apps, die Kinder heute nutzen, über Gaming, seltsame Online-Challenges und andere digitale Phänomene – Themen, die nicht immer positiv sind. Häufig hören wir, wenn wir Gefahren und Risiken schildern: »Oh, das will ich lieber gar nicht wissen.« Aber genau das sollten Sie. Die Schattenseiten zu kennen bedeutet, dass Sie die digitale Lebenswelt Ihres Kindes noch besser verstehen. Sie werden nachfolgend so viel lernen, dass Ihr Kind bei Fragen immer auf Sie zukommen kann – und Sie Lösungen parat haben. Diese Art der Begleitung wird den Familienalltag merklich entspannen, denn Sie werden wissen, wo Sie loslassen können und wo Sie aufpassen müssen. So können Sie Ihr Kind nicht nur warnen, sondern es auch besser schützen, indem Sie Geräte und Apps entsprechend einstellen. Damit ist der Weg frei für viele positive Erfahrungen im Netz.

Ein schützender Rahmen

Bekommt das Kind sein erstes eigenes Smartphone, ist das ein großer Schritt in seiner Mediennutzung. In unserem Umfeld sehen wir eine klare Tendenz: Kinder sind zunehmend jünger, wenn sie das erste eigene Gerät in Händen halten. Häufig werden sie damit allein gelassen, weil »die da sowieso viel fitter sind«. Dass Kinder aber gerade dann Begleitung und einen schützenden Rahmen brauchen, wie in allen anderen Lebenslagen auch, wird gern vergessen. Diesen Rahmen können Sie schaffen, indem Sie in der Familie digitale Regeln aushandeln und einen guten Kompass für Medienzeiten entwickeln, mit dem Sie auch die Eigenverantwortung Ihres Kindes fördern.

Wann das eigene Smartphone – oder doch lieber erst eine Smartwatch?

Eltern älterer Kids brennt eine Frage besonders unter den Nägeln: Wann ist der richtige Zeitpunkt für ein eigenes Smartphone des Kindes? Wir sagen: Ihr Kind ist bereit, wenn Sie es sind. Wie meinen wir das?

Fakt ist: Ein Smartphone bedeutet, dass Ihr Kind uneingeschränkten Zugang zur Erwachsenenwelt hat. Kinder haben dadurch Zugriff auf alles, was Erwachsene auch sehen, googeln, suchen können. Und dazu gehören eben nicht nur Nachrichten aus aller Welt, sondern auch Pornografie und gewaltverherrlichende Inhalte. Auch mit guter digitaler Begleitung gibt es niemals eine Garantie und leider auch keine hundertprozentig sichere, technische Lösung für mehr Kinderschutz. **Sich als Eltern aber auszukennen, zu wissen, wo, was, wie und warum passieren kann, befähigt Sie, das Wissen an Ihre Kinder weiterzugeben.** Bereit, wenn Sie es sind. Das Wissen dazu finden Sie in den folgenden Kapiteln.

Das heißt nicht: Wenn Ihr Kind sechs Jahre alt ist und Sie sich ausreichend Wissen angeeignet haben, kann es ein Smartphone eigenständig nutzen. Ein sechsjähriges Kind hat gewiss eine Wischkompetenz, aber eben noch keine Medienkompetenz. Es empfiehlt sich, den Wechsel zur weiterführenden Schule als Anlass für ein eigenes Smartphone zu nutzen. Dann verändert sich bei vielen Kindern der Schulweg, sie fahren häufig mit öffentlichen Verkehrsmitteln. Ein eigenes Handy gibt dann vielen Kindern mehr Sicherheit.

Als mögliche Zwischenlösung vor dem eigenen Smartphone kann aber auch eine GPS-Trackinguhr, also eine Smartwatch, sinnvoll sein. Immer mehr Grundschulkinder haben solche Uhren, die zum Beispiel einen Telefonkontakt mit den Eltern ermöglichen und den Standort des Kindes ans Smartphone der Erziehungsberechtigten schicken. Die Uhren führen in Grundschulen und unter Eltern teils zu heftigen Debatten. Die einen fürchten, eine zu starre Überwachung der Kinder und die Verletzung ihrer Privatsphäre, die anderen wollen jedoch auf Nummer sicher gehen, dass das Kind auch wirklich in der Schule, bei der Verabredung oder im Park zum Treffen mit Freunden ankommt.

Wir respektieren die unterschiedlichen Meinungen, allerdings dürfen wir hier noch einmal mehr auf die Kindersicht gehen. Es ist nicht per se gesagt, dass Kinder sich durch diese Uhren überwacht und eingeschränkt fühlen. Manchen Kindern bieten diese Uhren eben die Sicherheit, die sonst nur ein Smartphone geben könnte: Kinder, die allein ihren Schulweg bestreiten, vielleicht mit Bus oder Bahn fahren müssen und erleichtert sind, wenn sie Mama oder Papa von unterwegs eine Text- oder Sprachnachricht senden oder notfalls über die Uhr telefonieren können. Wichtig ist, dass ganz klar besprochen wird, was die Uhr kann, und dass unsere Kinder verstehen: Meine Eltern sehen dadurch meinen Standort. In der Regel ist das ein Thema zwischen neun- und zwölfjährigen Kindern und erledigt sich durch das fortschreitende Alter irgendwann, weil die Kids sich dann ein eigenes Smartphone wünschen.

Nicht sinnvoll sind Smartwatches, wenn sie ohne das Wissen des Kindes über die Funktionen nur aus Tracking-Zwecken genutzt werden. Wir bauen jahrelang ein intensives Vertrauen zu unseren Kindern auf. Das sollte ein technisches Gadget nicht zunichte machen, nur weil wir unserem Kind verschweigen, dass wir seinen Standort überwachen. Heimlich getrackt zu werden, kann sich wie ein Vertrauensbruch anfühlen!

Die Hersteller dieser Uhren empfehlen eine Nutzung für Kinder zwischen fünf und zwölf Jahren. Allerdings setzen die meisten Smartwatches auch eine erste Lesekompetenz voraus. Wenn Familien also grübeln, ob sie ihrem Kind ein eigenes Smartphone oder erst mal eine Smartwatch kaufen, und wenn es lediglich darum geht, das Kind zu erreichen, erfüllt eine Smartwatch mit Telefonfunktion genau diesen Zweck.

In den meisten Smartwatches ist standardmäßig die Trackingfunktion verbaut, je nach Modell auch mit einer Radius-Einstellung. Verlässt das Kind diesen Radius, werden die Eltern gewarnt. Damit das Gerät der Eltern, also zum Beispiel das Smartphone, mit der Smartwatch des Kindes kommunizieren kann, braucht es eine SIM-Karte. Meist ist diese nicht im Lieferumfang der Uhren enthalten, das muss man also preislich bei der Anschaffung bedenken.

Kinder-Smartwatches erlauben keinen uneingeschränkten Zutritt ins Internet – Alexa, Google oder Siri können also nicht spontan befragt werden. Das ist gut. Hilfreiche Funktionen sind auch ein Schulmodus zum Ausschalten während der Schulzeit, eine mit der Datenschutz-Grundverordnung konforme Übertragung, Text- und Sprachnachrichten, die Möglichkeit zum Telefonieren mit ausgewählten SOS-Kontakten und 4-G-Fähigkeit.

Die meisten Uhren funktionieren auch im Ausland, können also auch im Urlaub oder bei Ausflügen genutzt werden. Was Smartwatches nicht brauchen, sind Kalender, Spiele, Videoaufnahmen und eine Kamera – also die Möglichkeit für Fotos. Insbesondere wegen dieser Aufnahmemöglichkeiten erlauben einige Schulen keine Smartwatches, eben weil es rechtswidrig wäre, heimlich Foto- oder Videomaterial zu erstellen. Und eine Schule muss natürlich nicht nur ihre Lehrkräfte, sondern auch alle anderen schützen. Bis 2017 gab es Smartuhren für Kinder, die abgehört werden konnten. Diese Modelle hat die Bundesnetzagentur aber längst verboten.

Die GPS-Ortung frisst ziemlich viel Strom, insofern empfehlen wir bei einem möglichen Kauf, auf die Akku-Leistung zu achten. Auch beim Gewicht gibt es Unterschiede. Da hilft es, die Uhr probeweise anzulegen. Wasserdicht sollte sie auch sein und idealerweise nur eine gewisse Anzahl an Kontakten zulassen. Dann kann sie ihren eigentlichen Zweck erfüllen: Das Kind braucht noch kein eigenes Smartphone, kann im Notfall trotzdem seine Eltern erreichen und diese haben die Möglichkeit einzusehen, ob das Kind gut angekommen ist.

Digitale Familienregeln

Ist das eigene Smartphone schließlich da, eignen sich digitale Familienregeln besonders gut als Grundlage für Begleitung. Regeln geben Kindern Orientierung und Sicherheit. **Die digitalen Familienregeln heißen so, weil sie für alle in der Familie gelten.** Keine Sorge, es ist ganz klar, dass Eltern Medien anders nutzen. Sie lesen ihre Nachrichten auf dem Gerät, wickeln Bankgeschäfte ab und organisieren den Familienalltag. Das kann man Kindern auch erklären. Ansonsten muss sich die ganze Familie an die Regeln halten. Und das wiederum finden Kids und Teens gar nicht so schlecht – weil auch die Eltern gefragt sind.

Das Regelwerk können Sie nach der Lektüre dieses Buches ganz einfach auf einem Blatt Papier erstellen. Sie werden dann wissen, was für Ihre Familie relevant ist, wo der Schuh drückt, wo Sie sich unwohl fühlen und was geklärt sein sollte. Konkrete Anregungen für die digitalen Familienregeln finden Sie am Ende des Buchs. Bei den Regeln geht es nicht um Kontrolle und Einschränkungen, sondern darum, dass digitale Themen auf den Tisch kommen und Sie mit Ihrem Kind auch über die Gefahren im Netz sprechen, um es besser zu schützen. Sie können in den digitalen Familienregeln auch vereinbaren, dass Sie sich um die App-Einstellungen des Kindes kümmern. Gleichermaßen dürfen die Kinder Verantwortung für sich übernehmen. Besprechen Sie Verhaltensregeln im Netz und vereinbaren Sie, dass Sie aufeinander aufpassen – auch im digitalen Raum.

Diskutieren Sie etwa, ob es smartphonefreie Zonen gibt, zum Beispiel am Esstisch. Finden Sie Regeln für persönliche Daten und was gepostet werden darf, den Umgang mit anderen im Netz und die Nutzung sicherer Passwörter mit Merksätzen. Bekräftigen Sie, dass es Ihre Aufgabe ist, sich mit den Apps des Kindes auseinanderzusetzen, um es dabei unterstützen zu können. Sichern Sie Ihrem Kind zu, regelmäßig zu prüfen, ob sich durch Updates etwas in den Apps verändert hat, richten Sie gemeinsam die Apps und Kindersuchmaschinen ein und achten Sie auf die Privatsphäre-Einstellungen. Weil es für die Eltern-Kind-Beziehung besonders wichtig ist, sollten Sie Ihrem Kind auch klarmachen: »Niemand will dir dein Handy wegnehmen. Wenn Dir etwas Schlimmes widerfährt oder wenn du Mist baust, lass uns offen damit umgehen, dein Smartphone wird dir nicht weggenommen. Du darfst mit allem zu mir kommen.«

Wir glauben fest an diese Regeln, weil sie für mehr Schutz stehen. **Ohne Eckpfeiler, ohne Gespräche und ohne Klärung der verschiedenen Themen schwappt die Faszination Smartphone ansonsten wie eine große Welle ins Familienleben.** Kinder verbringen dann massig Zeit am Gerät, was Sie ziemlich schnell stören wird. Sie werden dann fürchten, den Zugang zum Kind zu verlieren, weil Sie sich fragen: Was genau macht mein Kind die ganze Zeit am Gerät? Liest es nur Kindernachrichten? Schaut es Videos für die Schule? Oder chattet es womöglich mit Fremden? Legt es sich Accounts in sozialen Netzwerken an, obwohl wir das nicht erlaubt haben? Die Liste der Fragen ist unendlich. Viele Kinder sind ohne Begleitung »always on«, das Smartphone ist unabkömmlich, weil es sogar als Wecker genutzt wird und somit ganz unbedingt auch die Nacht über neben dem Bett liegen muss.

Wir kommen noch einmal auf die Frage von oben zurück: Wann ist der beste Moment für ein Smartphone? Und wir erweitern unsere Antwort: Dann, wenn Eltern verstehen, dass Kinder das Netz anders nutzen als sie selbst, wenn sie wissen, wie die Apps der Kinder funktionieren – und dann, wenn alle gemeinsam über Regeln gesprochen haben. Bereit, wenn Sie es sind.

Eltern sollten dieses Grundwissen haben. Wenn man Kinder fragt: »Hast du im Internet schon einmal etwas Schlimmes erlebt?«, würden die meisten Kinder sagen: »Nö.« Selbstverständlich wollen und werden Kinder niemals riskieren, dass sich die Eltern sorgen und ihnen dann womöglich das Handy wegnehmen. Für Kinder ist ein eigenes Smartphone in erster Linie Kommunikationsmittel Nummer eins. Hier treffen sie ihre Freunde virtuell, werden inspiriert, spüren das Tor zur Welt, haben Spaß. Etwas, das Spaß macht, lässt man sich nicht so gerne wegnehmen, nicht wahr?

Familien brauchen daher eine Gesprächskultur auf Augenhöhe, auch im Digitalen. Es ist super, dass Kinder so viel über Apps wissen, dass sie vieles autark bedienen können. Gefahren und Risiken kennen sie aber nicht immer und diese Lücke können Eltern schließen. Kinder haben im physischen Raum ein ganzes Netzwerk um sich, das für mehr Schutz sorgt. Neben den Eltern sind das Lehrkräfte, Polizistinnen oder Sozialarbeiter. Im Netz hingegen sind Kinder allein unter vielen. Keine Regeln, keine Polizei. Keine Eltern, keine Lehrkräfte.

Und nein, Sie sollten Ihrem Kind deshalb nicht den Zugang zu digitalen Geräten verwehren – bitte nicht. Abgesehen von wichtigen

Zukunftskompetenzen, die wir in Teil I vorgestellt haben, würde ein gänzliches Verbot im Digitalen auch bedeuten, dass ein Kind sich im Freundeskreis und auf dem Schulhof immer ausgegrenzt fühlt. Kein schönes Gefühl, wenn sich alle Freunde über Onlinespiele austauschen oder einen gemeinsamen Klassenchat haben und man selbst nicht mitreden kann. Da würden sich selbst Erwachsene ausgeschlossen fühlen. Verbote werden sich langfristig nicht durchsetzen lassen. Was wir tun können, ist, unseren Kindern einen bewussten Umgang beizubringen.

Wir werden im Folgenden viel Hintergrundwissen erarbeiten, und wir schauen uns die digitale Lebensrealität von Kindern und Jugendlichen an. Ausgesprochen wichtig ist uns, neben den Gefahren und Risiken auch Lösungen aufzuzeigen, damit sich Kinder am Smartphone und im Internet altersgerecht, kompetent und souverän bewegen. Vertrauen ist gut, Dialog ist besser. Oder, um es mit diesem Buchtitel zu sagen: Begleiten statt Verbieten.

Kinder und Medienzeit: Wie lange ist o.k.?

Wir Eltern kennen das von unserer eigenen Mediennutzung: Wir wollten nur mal schnell die Nachrichten bei WhatsApp checken, Minuten später lesen wir irgendeine Nachrichtenseite und waren zwischenzeitlich im Onlinebanking und der Wetter-App. Oder wir scrollen selbst durch Instagram und werden durch ständig neue Impulse in Onlineshops gelenkt. Im Nu sind zig Minuten vergangen. So geht es auch unseren Kindern, wenngleich sie andere Angebote nutzen und sich eher bei TikTok oder im Onlinespiel verlieren. Während wir Eltern uns minutenlang im Netz aufhalten, sind es bei Kindern häufig mehrere Stunden.

Und dann kommen die Konflikte, die kaum zu lösen sind. Wir machen uns Sorgen, verstehen nicht, was das Kind am Gerät überhaupt macht. Wir fühlen uns wie »Rabeneltern«, wenn wir die Medienzeit des Kindes nicht im Griff haben oder bei Auseinandersetzungen den Kürzeren ziehen. Wir werden zu »bösen Eltern«, weil wir versuchen, vieles zu verbieten. Wir lassen Tobsuchtsanfälle oder schlagende Türen über uns ergehen. Dabei entsteht der Eindruck, dass Kinder ihre eigene Mediennutzung überhaupt nicht hinterfragen. Bei genauerem Hinsehen sind sie aber mit der Frage, wie viel davon eigentlich in Ordnung ist, unablässig konfrontiert, weil wir als Eltern Medienzeiten schließlich dauernd regulieren.

Gefühlt wird keine Frage so regelmäßig auf und ab diskutiert wie: Wie viel Medienzeit ist o.k.? Wie lange dürfen Kinder pro Tag am Tablet oder Smartphone etwas spielen oder gucken? Eine halbe Stunde? Eine Stunde? Und wie lernen Kinder, sich selbst zu regulieren und ihren Medienkonsum zu hinterfragen?

Unsere jüngeren Kinder nutzen Tablets zwar nicht täglich, aber manchmal sind wir dankbar für das digitale Gerät. Weil es uns eben auch ermöglicht, kurz etwas zu erledigen. Häufig haben wir aber ein schlechtes Gewissen. Meist, wenn sich Regentag an Regentag reiht oder eine globale Pandemie das Leben durchrüttelt und unsere Kinder gefühlt zu häufig an den Geräten sitzen.

Bestimmt kennen viele von Ihnen diesen Zwiespalt. Werfen wir zunächst einen Blick auf die offiziellen Empfehlungen. Was sagen die Experten?

Dr. Uwe Büsching ist Kinder- und Jugendarzt und hat die letzte BLIKK-Studie[12] (**B**ewältigung, **L**ernverhalten, **I**ntelligenz, **K**ompetenz und **K**ommunikation) der Bundeszentrale für gesundheitliche Aufklärung wissenschaftlich geleitet. Er vertritt die 3-6-9-12-Regel:

- absolut kein Bildschirm unter drei Jahren,
- keine eigene Spielkonsole unter sechs Jahren,
- kein Internet und Handy/Smartphone unter neun und
- kein unbeaufsichtigtes Internet vor zwölf Jahren.

Außerdem empfiehlt er strikte zeitliche Nutzungslimits je nach Kindesalter, die auch die Schweizer Jugendberatung teilt:

- Kinder bis drei Jahre: keine Bildschirmzeit,
- Drei- bis Sechsjährige: maximal dreißig Minuten am Tag in Begleitung Erwachsener,
- Sechs- bis Neunjährige: maximal fünf Stunden pro Woche,
- Neun- bis Zwölfjährige: maximal sieben Stunden pro Woche – also eine Stunde am Tag.

2019 hat auch die Weltgesundheitsorganisation (WHO)[13] erstmals offizielle Empfehlungen für Kleinkinder vorgelegt, die sich von den Angaben oben unterscheiden:

- Bis Kinder ein Jahr alt sind, sind Bildschirme demnach nicht empfehlenswert. Damit gehen sicher alle Eltern d'accord.
- Interessant ist die WHO-Empfehlung für Kinder ab zwei Jahren: Hier sollte die Bildschirmzeit pro Tag von einer Stunde nicht überschritten werden, wobei weniger natürlich besser sei.

Übrigens hat die WHO diese Empfehlungen immer im Zusammenhang mit Bewegung gegeben. Sie geht davon aus, dass Kinder, die am Bildschirm etwas gucken, sich nicht bewegen, also sitzen. Stimmt ja auch. Für sitzende Tätigkeiten empfiehlt die WHO deshalb, lieber Bücher anzuschauen oder Geschichten zu lesen, statt die Zeit vor einem Bildschirm zu verbringen.

Die Bundeszentrale für gesundheitliche Aufklärung gibt auch Empfehlungen für Hörmedien: Kinder unter drei Jahren maximal dreißig, bis sechs Jahre höchstens 45 und bis zehn Jahre nicht mehr als sechzig Minuten täglich.[14]

Und dann gibt es noch »Klicksafe«, das Angebot der Landeszentrale für Medien und Kommunikation:

- Für Kinder bis drei Jahre: fünf Minuten
- Für Kinder zwischen vier und sechs Jahren: zwanzig Minuten, aber nicht täglich
- Für Sieben- bis Zehnjährige: täglich etwa dreißig bis 45 Minuten

In den Empfehlungen finden sich also Abweichungen. Das muss aber überhaupt nichts Negatives sein. **Medienzeit ist schließlich ein sehr individuelles Thema, bei dem wir uns gar nicht in strenge Vorgaben zwingen lassen sollten.** Selbstverständlich müssen Eltern Regeln aufstellen und begleiten, aber: Jedes Kind ist anders. Wenn wir als Eltern grübeln, wie lange wir dem Kind eine Folge der Lieblingsserie auf dem Tablet erlauben, sollten wir dabei bedenken, was das Kind an dem Tag schon erlebt hat. Überspitzt gesagt: Wenn den ganzen Tag der Fernseher im Hintergrund lief und das Kind dann auch noch eine Stunde *Paw Patrol* am Tablet guckt, ist das in Summe natürlich zu viel. War es draußen, hat getobt, ist es womöglich krank oder, oder, oder – dann ist die Entscheidungsgrundlage wieder eine ganz andere.

Wenn Geschwisterkinder in Familien sind, wird es nicht einfacher, im Gegenteil. Das sehen wir auch in anderen Lebensbereichen: Beim ersten Kind klappt das mit dem zuckerfreien ersten Lebensjahr noch ganz wunderbar, beim zweiten wird's schon schwieriger. Wenn das größere Kind ein Eis bekommt, will das Geschwisterkind natürlich auch eins.

Bedenken Sie also gerne die Anregungen der Experten, hören Sie aber in allen Situationen immer auf Ihr Bauchgefühl. Viel wichtiger als starre Mediennutzungszeiten sind die Inhalte, die Kinder konsumieren. Sie sollten sich in guten, seriösen und sicheren Kinder-Apps bewegen. Dann können Sie auch bei der Nutzungsdauer ein Auge zudrücken.

Die Kunst des Abschaltens

Egal wie strikt oder flexibel wir Medienzeiten handhaben, irgendwann kommt der Moment des Abschaltens. Viele Eltern fürchten diesen Zeitpunkt und die oft damit verbundenen Diskussionen. Ein Kind, das gerade mitten im Spiel oder in einer Serie ist, zeigt sich nicht immer unmittelbar kooperativ. Wenn wir ehrlich sind, ist das auch ziemlich gut nachvollziehbar. Niemand beendet gerne eine Beschäftigung, die einen gerade richtig in den Bann zieht, oder schaltet, gerade wenn es mitten in der Geschichte besonders spannend ist, die Lieblingsserie aus.

Wir Eltern hören ja auch nicht beim Vorlesen an irgendeiner Stelle mitten in der Geschichte auf. Manchmal erscheint es fast so, als wenn völlig selbstverständliche Erziehungsgrundsätze aus anderen Bereichen beim Abschalten digitaler Medien ebenso völlig selbstverständlich ausgehebelt werden. Bei Elternabenden oder in Elterngesprächen erleben wir immer wieder, dass Eltern sehr stolz darauf sind, ein Begleitprogramm auf dem Endgerät ihres Kindes installiert zu haben, das nach einem für die Eltern akzeptabel erscheinenden Zeitraum das Gerät automatisch ausschaltet. Nicht wenige, vielleicht sogar die Mehrheit, sind davon überzeugt, damit alles richtig gemacht zu haben.

Schauen wir uns diese Maßnahme einmal genauer an und vergleichen sie damit, wie wir in anderen Bereichen handeln: Bei »analogen« Erziehungsfragen sind wir uns im Klaren darüber, dass unsere Kinder Dinge nur erlernen können, wenn sie diese selbst tun. Lernprozesse verankern sich nur nachhaltig, wenn Dinge häufig wiederholt werden. Wir wissen, dass wir unser Kind irgendwann loslassen müssen, wenn es laufen lernen soll, auch wenn es dafür noch einige Male auf den Popo fallen muss. Dass es nur selbst essen lernt, wenn es irgendwann den Löffel in die Hand nehmen darf, auch wenn einiges danebengeht. Gleiches gilt fürs Schwimmen, Lesen, Malen etc.

Wenn unser Kind dann Medien nutzt, schalten wir das Gerät einfach automatisch aus. Das ist doch seltsam. Wenn wir unsere Kinder zur mündigen und kompetenten Mediennutzung erziehen wollen und uns junge Menschen wünschen, die irgendwann selbst in der Lage sind, Geräte abzuschalten, wenn es genug war, kann das nicht der Weg sein. **Ein Kind, das nie selbstständig den »Aus«-Knopf gedrückt hat, wird das ohne Weiteres auch später nicht können, weil diese Bahn im Gehirn nie etabliert und benutzt wurde.** Auch diese Handlung muss unser Gehirn lernen und abspeichern, deshalb ist die kleine Geste des Abschaltens grundlegend für medienkompetentes Handeln.

Wir sollten Erziehungsgrundsätze, die für uns im analogen Bereich selbstverständlich sind, auch im digitalen Bereich anwenden und uns nicht von der diffusen Angst leiten lassen, dass eine Überschreitung der Mediennutzungszeiten unserem Kind in jedem Fall schadet. Auch hier funktioniert Erziehung zur Selbstständigkeit am besten im Dialog mit dem Kind, auf respektvoller Augenhöhe – selbstverständlich innerhalb eines sicheren Rahmens.

Das heißt nicht, dass Sie Ihr Kind nun jeden Tag vier Stunden zocken lassen sollen und darauf warten, bis es alleine ausschaltet. Finden Sie eine gemeinsame Lösung, so wie Sie es beim Süßigkeitenkonsum wahrscheinlich längst getan haben. Schauen Sie dabei nicht auf die Minute und lassen Sie Ihr Kind vielleicht auch mal auf den virtuellen Popo fallen, sodass es auch selbst spüren kann, wann es reicht. So merkt Ihr Kind vielleicht selbst, dass stundenlanges Zocken und auf den Bildschirm gucken nicht guttun. Dazu muss es das aber einmal machen dürfen. Unserer Erfahrung nach funktioniert das bei jugendlichen Kindern ziemlich gut und auch, wenn es der anstrengendere Weg ist, ist es der langfristig Erfolg versprechendere.

Tipps für einen entspannteren Umgang mit Medienzeiten

- Beginnen Sie frühestmöglich mit der Einführung von Regeln. Sobald Ihr Kind beispielweise Sendungen am Tablet schaut. Auch wenn Ihr Kind gerade erst drei Jahre alt ist, braucht es Regeln und Absprachen.
- Kündigen Sie die geplante »Abschaltzeit« an: »In fünfzehn Minuten gibt es Abendbrot, fang also bitte kein neues Level und keine neue Folge an.«
- Bei manchen Spielen gibt es bestimmte Speicherpunkte. In einem Spiel, das »live« mit anderen gespielt wird, möchte Ihr Kind gerne eine Runde beenden und nicht einfach mittendrin aufhören. Das bedeutet, dass Ihr Kind, wenn es diesen Speicherpunkt noch nicht erreicht oder die Runde noch nicht zu Ende gespielt hat, seinen gesamten Spielerfolg verlieren würde und am nächsten Tag eventuell noch einmal von vorne anfangen müsste. Das führt zu nachvollziehbarem Frust und neuen Diskussionen. Besprechen Sie mit Ihrem Kind, wann der Speicherpunkt oder das Ende der Runde (vermutlich) erreicht ist und wann es das Spiel oder das Gerät ausmacht. Das sorgt meist für ein friedlicheres Abschalten.
- Die Kontroll- und Steuerungsprogramme, bei denen das Endgerät sich zu einer von den Eltern festgelegten Zeit von alleine abschaltet, sind wenig sinnvoll. Zum einen kann Ihr Kind so wenig flexibel auf Speicherpunkte und Etappen im Spiel reagieren. Aber auch ein anderer Grund ist hier von immenser Bedeutung: Unser Ziel ist, unsere Kinder zu mündigen, selbstständigen Mediennutzern zu machen, die in der Lage sind, ihren Handy- und Gerätekonsum irgendwann allein zu regeln. Die elterlichen Begleitprogramme sind äußerst sinnvoll, wenn es darum geht, zu schauen, welche Apps Ihr Kind installieren darf und auch, um bestimmte Filter einzustellen – beim Abschalten brauchen wir jedoch mehr Eigenständigkeit.
- Eines unserer Kinder stellt sich zu Beginn der Onlinezeit immer selbstständig einen Timer im Handy, der nach der vereinbarten

Zeit klingelt. Ist das Kind dann gerade noch in einer Spielrunde, darf es die zu Ende spielen, ohne dass nervige Eltern drängelnd in der Tür stehen. Das klappt gut und wir Eltern müssen selbst nicht dauernd auf die Uhr schauen.

- Grundsätzlich gilt: Ausnahmen sind auch bei der Mediennutzung okay. Ein durchgespielter Nachmittag ist nicht ideal, darf aber mal sein, ebenso wie auch Fastfood und Süßigkeiten keine guten Lebensmittel sind, aber doch mal gegessen werden. Ein nachhaltiger Schaden ist hier nicht zu erwarten.

Social Media begleiten

Soziale Netzwerke sind wie virtuelle Gemeinschaften. Eine große Gruppe, zu der Kinder spätestens im jugendlichen Alter dazugehören möchten. Hier kann sich jeder mit einem Profil zeigen, andere »beobachten«, interagieren, kommunizieren, Videos und Fotos entdecken. In unserem Umfeld bemerken wir jedoch auch, dass soziale Netzwerke älteren Jugendlichen als Informationsquelle für Nachrichten dienen. Die Tagesschau erntete viel Kritik, als sie ihren TikTok-Account startete, hat dabei aber vieles richtig gemacht. Die Jüngeren sind nun einmal auf dieser Plattform, und wenn sie nicht zur Tagesschau kommen, kommt die Tagesschau eben zu ihnen. Auch bei Instagram finden sich immer mehr Wissens-, Nachrichten- und Institutions-Profile. Die Polizei Berlin veranstaltet zum Beispiel auch Live-Videos für Schulabgänger, die Interesse am Polizeiberuf haben.

Wir schauen in diesem Kapitel auf soziale Netzwerke, die von Kindern und Jugendlichen heute genutzt werden, erklären die Mechanismen, Vor- und Nachteile. Facebook als soziales Netzwerk werden Sie hier nicht finden, das spielt bei Teenagern keine Rolle mehr.

WhatsApp

WhatsApp ist für die meisten Kinder die erste App – nach den Onlinespielen –, die sie mit Freunden nutzen. WhatsApp fühlt sich ein bisschen wie ein soziales Netzwerk an, ist genau genommen aber ein Messenger. Die Nutzung ist erst ab sechzehn Jahren erlaubt. Wir wissen alle, dass sich keiner an die Altersempfehlung hält. Vermutlich ist das auch den Machern von WhatsApp klar (gehört zum Facebook-Konzern »Meta«), denn die Allgemeinen Geschäftsbedingungen erwähnen explizit, dass die Nutzung mit Einverständnis der Eltern auch ab einem Alter von dreizehn Jahren erfolgen kann. Selbstverständlich gibt es Alternativen. Die kommen aber überhaupt nicht vor, wenn wir uns Statistiken und Befragungen unter Jugendlichen ansehen. Die JIM-Studie 2020,[15] in der Jugendliche zwischen zwölf und neunzehn Jahren befragt wurden, ergab: 87 Prozent der Jugendlichen haben eine WhatsApp-Gruppe mit ihrer Klasse. Dabei nutzen 94 Prozent WhatsApp mehrmals wöchentlich und 86 Prozent täglich. Bei der KIM-Studie aus dem Jahr 2020, die Kinder zwischen sechs und zwölf Jahren berücksichtigt, gaben mehr als die Hälfte, 53 Prozent, an, WhatsApp täglich zu nutzen. Die Realität zeigt: Kinder nutzen WhatsApp, viele bereits vor dem dreizehnten Geburtstag. Eine Alterskontrolle erfolgt innerhalb der App nicht.

Meist beginnt die Nutzung mit dem Klassenchat, und hier können Schule und Eltern gemeinschaftlich wunderbar zusammenarbeiten.

Parallelwelt Klassenchats

Wie wichtig es ist, über Kommunikation Bescheid zu wissen, zeigen Klassenchats, die meist in Klasse vier oder fünf eingerichtet werden. Mein Sohn bekam mit Beginn der fünften Klasse in seinem Klassenchat bis zu 800 (!) »Nachrichten« täglich. Auch die Klassenchats, mit denen ich beruflich zu tun habe, sind selten völlig unproblematisch. Häufig bekommen wir Lehrkräfte allerdings erst Wind davon, wenn die Probleme schon recht massiv sind. Schön wäre es, wenn man hier früher ansetzen würde.

Anika

800 Nachrichten pro Tag. Das ist purer Stress. Dabei ist die Fülle der Nachrichten in Klassenchats häufig das geringere Problem. Immer wieder kommt es nämlich zu Missverständnissen, Beleidigungen und Ausgrenzungen, weil viele Kinder überhaupt nicht auf diese Art der Kommunikation vorbereitet sind. Häufig entbrennt auch ein Streit darüber, ob für Klassenchats die Schule oder das Elternhaus zuständig ist. Die Antwort ist klar: Am besten beide. Im WhatsApp-Klassenchat verschwimmt die Grenze der Zuständigkeiten. Gechattet wird auf einem privat angeschafften Gerät mit einer App, für die viele Kinder eigentlich zu jung sind – deren Nutzung also elterliche Zustimmung erfordert. Zustimmung heißt in diesem Fall dann auch Verantwortung.

Zudem ist es aber ein *Klassen*chat, das heißt, dass Probleme dort auch Probleme der Klassengemeinschaft sind. Damit befinden wir uns auch im Zuständigkeitsbereich der Klassenlehrkraft. Schule und Elternhäuser müssen also gut kooperieren.

Kinder, die von ihren Eltern gut auf digitale Kommunikation vorbereitet wurden, sind in der Regel besser gewappnet. Eskalationen können dann am ehesten verhindert werden. Wenn dann noch in der Schule – am besten direkt zu Beginn des Schuljahres – Regeln für den Klassenchat vereinbart werden, stehen die Chancen gut, dass dieser sinnvoll und unproblematisch genutzt wird. Sprechen Sie das Thema beim ersten Elternabend in der neuen Klasse an, so können alle Eltern sensibilisiert werden.

Wichtige Regeln sind zum Beispiel:

- keine Weiterleitung von Kettenbriefen
- keine Beleidigungen, Bloßstellungen und Angriffe
- Achtung des Rechts am eigenen Bild
- keine Spam-Nachrichten, auch keine Nachrichtenfülle
- niemand wird ausgeschlossen

- bei eventuellen Belästigungen, auch anonym, den Kontakt blockieren, vorher aber unbedingt Screenshots machen

Was Sie wissen sollten

Datenschutz

- WhatsApp gehört zu Facebook und teilt die folgenden Daten: Telefonnummer, zuletzt online, Kontakte und Status. Somit kann WhatsApp auf alle Kontakte, die im Smartphone gespeichert sind, zugreifen sowie Handy- und Standort-Daten sammeln.
- Bei der Nutzung von WhatsApp-Gruppen sehen alle Mitglieder der Gruppe die Kontakte und somit Telefonnummern der anderen.

Tipps für Einstellungen

- Auf dem Profilbild sollte das Kind idealerweise nicht erkennbar sein.
- In den Einstellungen wählen, wer den Status sehen kann.
- Die Funktion »Live-Standort« sollte deaktiviert werden.
- Auch die Lesebestätigungen können deaktiviert werden, wobei diese in Gruppenchats immer gesendet werden.
- In den Chateinstellungen sollte unbedingt die Möglichkeit deaktiviert werden, dass Fotos und Videos automatisch auf dem Gerät gespeichert werden.

Problematische Inhalte

- Kettenbriefe wie Momo, Teresa Fidalgo, Nico und Co (siehe unten) sollten vor der Nutzung von WhatsApp mit dem Kind besprochen werden.
- Pornografische oder gewaltverherrlichende Inhalte dürfen keinesfalls weitergeleitet werden – schon gar nicht in Gruppenchats. Dies sollte mit Kindern im Rahmen der Klassenchat-Regeln vereinbart werden.
- Es gibt verschiedene Apps, die hin und wieder auftauchen, in den App-Stores zwischenzeitlich verschwinden und später erneut mit anderem Namen hochkommen. In der Vergangenheit waren dies zum Beispiel »SocialPrank«, »WhatsFun« oder »WhatsPrank«. Damit können Chatverläufe gefälscht und Screenshots erstellt werden. Die gefälschten Screenshots werden vor allem beim Mobbing eingesetzt, als (Druck-)Mittel von Mobbing-Tätern gegen Mobbing-Opfer. Harmloser werden Fake-Chats eingesetzt, um einen vermeintlichen Chat mit einem Promi vorzutäuschen.
- Problematisch sind auch Gruppen, in denen manche Kinder explizit ausgeschlossen werden. Zum Beispiel eine Gruppe mit dem Namen »Klasse 5b ohne Nele«. Auch dieser Punkt ist ein Thema für die Klassenchat-Regeln.

Verbote bei WhatsApp

- Das Veröffentlichen und Weiterleiten von Unwahrheiten (Fake News).
- Obszöne, beleidigende, rassistische oder ethnisch anstößige Inhalte, die zu einer Verhaltensweise anstiften oder ermuntern, die illegal oder auf sonstige Weise unangemessen wäre.
- Nachrichten, die etwas Bedrohendes, Einschüchterndes, Belästigendes oder Hasserfülltes beinhalten.
- Verherrlichung von Gewaltverbrechen.

- Identitätsklau, also jemanden nachzuahmen oder sich für jemand anderen auszugeben.
- Fotos von anderen verschicken, ohne deren Einwilligung: Rechte am geistigen Eigentum beziehungsweise sonstige Eigentumsrechte sowie das Recht am eigenen Bild dürfen nicht verletzt werden.
- Kettenbriefe oder wie WhatsApp sie nennt: Massennachrichten.
- Wichtig ist: Kinder und Jugendliche sollten niemals Nacktfotos bei WhatsApp verschicken. Diese können mit einem Klick weitergeleitet werden, auch in Gruppen an sehr viele Menschen! Auch besteht die Gefahr, dass dadurch kinder- oder jugendpornografisches Material entsteht. Wird dieses Material, auch von Minderjährigen, weitergeleitet und zeigen andere dies an, werden alle betroffenen Smartphones von der Polizei beschlagnahmt.

Kettenbriefe bei WhatsApp

WhatsApp-Kettenbriefe kursieren nicht nur unter Kindern, auch wir bekommen häufig welche zugeschickt. Mal wird vor neuen Einstellungen bei WhatsApp gewarnt, die angeblich heimlich und über Nacht umgesetzt worden seien, aber längst Teil eines Updates waren. Mal sind es angebliche Warnungen vor Betrügern, die von Haus zu Haus gehen, mal falsche Zitate von Personen des öffentlichen Lebens. Irgendwer macht sich da also immer mal wieder einen Spaß, will bewusst Menschen verängstigen oder irritieren, bringt die Nachricht in Umlauf und hat damit Erfolg. Dabei sind solche Nachrichten laut den Nutzungsbedingungen von WhatsApp unzulässig. Die Weiterleitung von Kettenbriefen mit drohenden Inhalten stellt sogar eine Straftat dar und wird als Nötigung verfolgt, sofern es zu einer Anzeige kommt. Widmen wir uns also den Kettenbriefen, die es immer mal wieder auf die Smartphones von Kindern und Jugendlichen schaffen. Die Inhalte sind meist massiv verstörend und machen Kindern große Angst. Es ist also wichtig, dass Eltern die konkreten Inhalte kennen, um ihr Kind darauf vorzubereiten. Besagte Kettenbriefe sind häufig gespickt von Form- und Rechtschreibfehlern, die wir für bessere Lesbarkeit nachfolgend korrigiert haben.

Momo taucht seit Jahren immer wieder in Wellen als Kettenbrief bei WhatsApp auf und soll auch in nachträglich bearbeiteten und neu hochgeladenen Youtube-Videos gesehen worden sein.

Momo hieß ursprünglich »Mother Bird« und war ein Kunstwerk des japanischen Künstlers Keisuke Aiso, der die Puppe 2016 für eine Ausstellung entworfen hatte. Zugegeben, sie gleicht wirklich einer beängstigenden Fratze. Dass aus der Kunst jedoch Momo wird, hatte Aiso nicht gewollt. Die Puppe ist mittlerweile zerstört, der Kettenbrief aber nach wie vor unterwegs. Momo schreibt: *»Hallo ich bin Momo und bin vor drei Jahren verstorben. Ich wurde von einem Auto angefahren und wenn du nicht möchtest, dass ich heute Abend um 0 Uhr in deinem Zimmer stehe und dir beim Schlafen zuschaue, dann sende diese Nachricht an 15 Kontakte weiter. Du glaubst mir nicht? Angelina hielt die Nachricht für Fake und schickte sie an niemanden weiter. In der Nacht hörte sie Geräusche aus einer Ecke ihres Zimmers, sie wollte nachgucken, doch auf einmal rannte etwas auf sie zu. Am nächsten Morgen wurde sie tot in ihrem Bett gefunden. Tim schickte die Nachricht nur an sechs Leute weiter. Am nächsten Morgen wachte er mit einem abgefressenen Bein auf.«*

Uns gruselt es jedes Mal aufs Neue, wenn wir diese Nachricht lesen. Wie muss es dann erst Kindern ergehen? Sie müssen wissen: Momo gibt es nicht. Der Kettenbrief verbreitet Unwahrheiten. Niemand kommt und niemand wird getötet.

Auch der Kettenbrief von **Teresa Fidalgo** (manchmal mit einem Buchstabendreher als Teresa Figaldo unterwegs) spielt mit den Ur-Ängsten von Kindern. Teresa Fidalgo ist eine fiktionale Figur des Kurzfilms *A Curva* des portugiesischen Produzenten David Rebordão. Besonders perfide ist: Der Clip, der um Teresa kursiert und auf den im Kettenbrief angespielt wird, war als PR-Video für den Film gedacht.

Auch Teresas Nachricht hat Form- und Rechtschreibfehler, die wir weitestgehend angeglichen haben.

Sie schreibt: »*Heute ist das 26. Jahr, das ich tot bin. Wenn Du dies nicht an 20 Personen schickst, schlafe ich heute neben dir im Bett, FÜR IMMER. Wenn Du es nicht glaubst, schreib meinen Namen in Google. Wer es nicht glaubt, schaut Euch das Video an.*«

Wenn Kinder Teresas Aufforderung folgen und bei Google oder Youtube nach ihr suchen, finden sie also den Werbeclip zum Film, ohne zu wissen, dass es sich lediglich um eine PR-Maßnahme handelt. Je nach Alter der Kinder kann dies starke Ängste auslösen. Dass es das Video wirklich gibt, wird vielleicht missinterpretiert. Auch hierüber sollten Kinder also aufgeklärt sein. Teresa Fidalgo ist ein Kettenbrief und frei erfunden.

Die schlimmsten Kettenbriefe bei WhatsApp drohen mit dem eigenen Tod, dem Tod von Mutter oder Vater oder schweren Verletzungen, wenn man die Nachricht nicht weiterleitet. Nach diesem Muster funktioniert auch **Nico**, der als Sprachnachricht auf die Geräte kommt. Das sagt Nico: »*Hi, ich bin Nico und neun Jahre alt und habe keine Hände mehr und mein Gesicht ist voller Narben und Blut. Wenn du diese Nachricht nicht an 20 Leute schickst, komme ich um 0.00 Uhr zu dir. Du glaubst es nicht? Anna Weinfeld hat es einfach ignoriert, sie glaubte nicht daran. Um 0.00 Uhr hörte sie komische Geräusche aus dem Flur, sie ging in den Flur und sah mich. Sie schrie um ihr Leben. Aber naja, ich brachte sie um und keiner hat sie mehr wieder gesehen. Du glaubst mir immer noch nicht? Tim Schnälzer hat es nur an fünf Leute geschickt, er selbst sitzt heute im Rollstuhl und kann sich nicht mehr bewegen. Lars Berger hat es allen Leuten geschickt. Er hat eine tolle Familie und ist reich geworden. Wenn du es nicht weiterschickst, wirst du morgen nicht mehr leben oder du schickst es weiter und wirst viel Glück haben. Was bedeutet deine Mutter dir? Ohne sie wären wir nicht wir. Schicke dies in 20 Minuten an 20 Leute. Wenn du es nicht tust, wird deine Mutter in 5 Jahren ermordet. Beeile dich, wenn du deine Mutter liebst. Ein Kind hat einen Beweis. Er wollte es nicht weiterschicken – 5 Jahre später wurde seine Mutter ermordet.*«

Nicos Stimme ist nicht etwa die Stimme eines Jungen, sondern eine computergesteuerte Sprachaufnahme. Das kann man eigentlich ziemlich gut hören, aber Kindern fehlt vielleicht die Kompetenz, dies zu durchschauen.

Auch die Kettenbriefe von **Damian** und **Clarissa** folgen den geschilderten Mechanismen. Sie machen Kindern große Angst. Und selbst, wenn Kinder dann im Netz danach suchen, bleibt häufig ein ungutes Gefühl zurück: »Was, wenn doch etwas dran ist?« Sobald Kinder also WhatsApp nutzen, sollten sie darüber aufgeklärt werden, dass es auch sehr verstörende Inhalte gibt. Sie sind immer frei erfunden, treten nie ein und sollten sofort gelöscht und keinesfalls weitergeleitet werden.

Beliebt sind auch Kettenbriefe, die vor gewissen Personen warnen. Hierzu gehört zum Beispiel auch **Tobias Mathis**, dessen Kontakt mit einem Virus infiziert sein soll und die Nutzer angeblich warnt, bei seiner Nummer nicht ans Telefon zu gehen. Auch Tobias Mathis gibt es nicht.

Außerdem gibt es zahlreiche Gewinnspiel-Kettenbriefe, die sich meist als Fake entpuppen und lediglich Daten abrufen wollen. Uns ist kein Kettenbrief bekannt, bei dem es wirklich etwas zu gewinnen gab. Weder Trikots oder Fußbälle beim Sporthersteller noch Geschenkkörbe zu Ostern und Essensgutscheine einer Fastfood-Kette. Die Gewinnspiel-Kettenbriefe enthalten immer Links zu externen Seiten, die mit der angegebenen Marke nichts zu tun haben. Diese Links sind aber oft nicht auf den ersten Blick als Fake zu erkennen, daher fährt man gut, einfach gar nicht erst draufzuklicken. Und falls doch, ist es besonders wichtig, keine privaten Daten einzugeben. Die werden im Zweifel weiterverkauft, das bedeutet jede Menge Spam und Ärger.

Seriöse Gewinnspiele erkennen

Seriöse Gewinnspiele beinhalten Teilnahmebedingungen. Fehlen sie, kann man von einem Fake ausgehen. In den Teilnahmebedingungen oder Allgemeinen Geschäftsbedingungen sind die Eckdaten des Gewinnspiels vermerkt: Start und Ende, Laufzeit, Veranstalter, Gewinn-Ermittlung, Gewinn-Benachrichtigung, Datenschutz, Rechtsweg, geltendes Recht und Gerichtsbarkeit. Den Wahrheitsgehalt von Gewinnspielen kann man auch durch die richtige Suche prüfen. Hierzu setzt man die Überschrift des Gewinnspiels bei Google in Anführungszeichen oder googelt den angeblichen Absender in Kombination mit dem Schlagwort »Kettenbrief«.

Instagram

Instagram gehört mittlerweile zu den beliebtesten Apps bei Jugendlichen. Als Instagram im Jahr 2010 gestartet ist, gab es lediglich die Fotofunktion. Menschen aus aller Welt teilten ihre Lieblingsmomente in Bildern und Hashtags. Nach und nach und mit der Übernahme durch den Facebook-Konzern, der sich mittlerweile »Meta« nennt, kamen weitere Funktionen hinzu. Heute ist klar, dass Instagram mehr und mehr in die Bewegtbild-Richtung geht und auf Videoinhalte setzt. In den Stories sehen wir kurze Snippets, die sich zu minutenlangen Geschichten aneinanderreihen. Auf Instagram-Video lässt sich Bewegtbild bis zu einer Stunde hochladen, Reels mit einer Länge von maximal sechzig Sekunden erinnern an kurze TikTok-Clips. Es gibt auch Live-Videos, die in Echtzeit stattfinden und im Nachgang im Profil gespeichert werden können. Kommuniziert werden kann bei Instagram über Kommentare, die öffentlich einsehbar sind, sofern das Profil des anderen kein privates Profil ist, und über die Direktnachrichten. In diesen »Direct Messages« können Foto-, Video-, Text- und Sprachnachrichten ausgetauscht werden. Auch möglich sind Video-Calls.

Die Altersfreigabe von Instagram liegt bei dreizehn Jahren, wobei aber immer jüngere Kinder die App nutzen. Um diese Kinder auf der Plattform besser zu schützen, erhalten alle unter achtzehn Jahren mittlerweile standardmäßig ein privates Konto. Die Sache hat allerdings zwei Haken: Es wird nur dann eingerichtet, wenn sich die Person neu anmeldet, greift also nicht bei Konten von Kindern und Jugendlichen, die die App schon länger nutzen. Und die Einrichtung funktioniert ausschließlich, wenn das wahre Geburtsdatum bei der Registrierung angegeben wurde. Genau das passiert häufig nicht, weil Zwölfjährige beispielsweise unter die Altersgrenze fallen. Werden Kinder bei der Einrichtung von Instagram also nicht begleitet, können sie einfach ein fiktives Alter von achtzehn Jahren angeben. Kontrollieren kann das niemand. Wie bei allen anderen Apps hilft es also unbedingt, Instagram mit dem Kind gemeinsam einzurichten und vorab genau zu überlegen: Macht es Sinn, dass mein Kind unter dreizehn Jahren wirklich Instagram nutzt?

Keine Frage: Instagram ist faszinierend. Neben inspirierenden privaten Profilen gibt es nicht nur Influencer, sondern auch Sinnfluencer oder Newsfluencer. Sie sind mal politisch engagiert, mal lehrreich und durchaus relevant, weil sie es schaffen, in wenigen Worten und kurzer Zeit gebündeltes Wissen einer teils riesengroßen Zielgruppe zur Verfügung zu stellen. Auch die öffentlich-rechtlichen Sender haben mit Kanälen wie »Quarks«, »funk«, »Monitor«, »klima.neutral«, »Terra X«, »ozon«, »News-WG« oder »Mädelsabende« herausragende Inhalte. Wenn Sie diese Profile abonnieren und lesen, merkt sich Ihr Algorithmus Ihre Interessen und empfiehlt Ihnen weitere, gute und hilfreiche Kanäle.

Werbung, Influencer und ihr Einfluss auf Körperbilder

Der Algorithmus merkt sich auch die Interessen Ihres Kindes, sollte es Instagram nutzen. Nehmen wir also an, Ihre Tochter abonniert den Kanal von Daniel Jung, dem Mathe-Online-Nachhilfelehrer, dann werden ihr weitere Profile im Nachhilfe-Bereich oder E-Learning empfohlen. Zu entdecken sind diese dann auf der Lupe, einem Zeichen, das Sie in der unteren Leiste finden, sobald Sie die App öffnen. Sucht Ihre Tochter hingegen nach Beautyprofilen oder Fashionbloggern, registriert der Algorithmus natürlich auch genau das. Fashion und Beauty sind keine zwangsläufig uninteressanten Inhalte, aber sie triggern natürlich das, was man selbst nicht hat – und möglicherweise dann kaufen will. Entsprechend wird Instagram für Unternehmen immer wichtiger. So nutzen laut einer Statista-Umfrage[16] aus 2021 bereits 78 Prozent der befragten Marketingverantwortlichen die App. Ganz klar, denn an keinem anderen Ort im Social Web finden sich so viele Kaufempfehlungen: Werbeanzeigen, die als Fotos oder Bewegtbild eingespielt werden, oder die eigenen Accounts der Brands, auf denen sie ihre Neuigkeiten in die Welt tragen. Die Influencerinnen spielen dabei eine wichtige Rolle. Deren Kaufempfehlungen haben eine ähnliche Wirkung wie die der besten Freundin. Der Kaufimpuls setzt viel schneller ein, den Rabattcode gibt's meist direkt dazu, es braucht noch nicht mal eine Fahrt in die Stadt – ein, zwei Klicks und das Teil ist geshoppt.

Influencer triggern aber mehr als den Wunsch nach Konsum. Viele von ihnen arbeiten ausschließlich mit Filtern und Posen. Damit wird jedoch getrickst – für maximale Schönheit. Wenn andere also die perfekte Haut, den vermeintlich schönsten Body und immer die neueste Mode haben, kann sich das natürlich beim Selbstbild der jungen Followerinnen bemerkbar machen.

Ob und wie sich Instagram auf die mentale Gesundheit von Jüngeren auswirkt, erhebt der Facebook-Konzern regelmäßig. Die Ergebnisse gelangen im Herbst 2021 an die Öffentlichkeit, als das *Wall Street Journal*[17] durch die ehemalige Facebook-Mitarbeiterin Frances Haugen Einblick in interne Dokumente bekam. Bezogen auf Instagram ergibt sich aus den Daten: In etwa jedes dritte Mädchen unter den Nutzerinnen ist von Problemen mit der Selbstwahrnehmung betroffen und mit dem eigenen Körper unzufrieden. Auch Depressionen unter Jugendlichen sind den internen Studien zufolge auf Instagram zurückzuführen.

Instagram selbst reagierte auf die Recherchen des *Wall Street Journal* in einem Blogbeitrag[18] zustimmend, erwähnte aber auch, dass die Forschungsergebnisse dazu gemischt seien. Social Media könne positive wie negative Handlungen und Gefühle auslösen.

Insbesondere bei Körperbildern unterstützt Social Media in unserer Wahrnehmung eine verzerrte Darstellung. Hier werden ständig stereotype Frauen- und Männerbilder reproduziert. Das aktuelle Ideal zeigt schlanke Frauen, an Po und Brüsten darf es aber etwas mehr sein. Die Lippen sind sinnlich, die Haare lang. Bei den Männern setzt sich ein sportliches, aktiv-cooles Bild durch, muskulös, stark und kraftvoll.

Für uns ist auch das ein wichtiger Grund, sich bei Instagram an die empfohlene Altersfreigabe von dreizehn Jahren zu halten. Die permanente Berieselung damit, wie andere aussehen, leben und feiern, macht etwas mit jungen Menschen.

Insbesondere Influencerinnen teilen viele Einblicke aus ihrem Leben und werden dadurch gefühlt zur besten Freundin. Mit echter Nähe ist das natürlich nicht vergleichbar. Aber auch die vermeintliche Nähe schafft mehr Bindung an die Followerschaft, und diese Bindung lässt sich monetarisieren. Je mehr Follower sich in der Abo-Liste finden, desto mehr Kooperationen bekommen Influencer angeboten, und desto besser ist der Verdienst. Wir alle machen bei diesem Phänomen mit, wenn wir beobachten, was die anderen in Social-Media-Apps teilen. Viele Jugendliche wollen heute aber nicht nur schauen, was die anderen machen, sondern selbst mitmischen.

Diese Selbstdarstellung ist im Prinzip etwas ganz Natürliches. Wir tun es alle, jeden Tag und unbewusst, durch unsere Kleidung, Körpersprache, die Art, wie wir reden, gestikulieren, den anderen begegnen. Selbstdarstellung ist ein sozialer Mechanismus und Teil der Identitätsfindung. Sie begleitet uns ein Leben lang, wir schauen immer nach links und nach rechts, vergleichen – wenn auch unbewusst –, wie wir sein wollen und wie nicht und zeigen uns am liebsten von unserer Schokoladenseite. Im Prinzip bedienen soziale Medien also etwas, das die Menschheit schon immer getan hat. Wenn Kinder und Jugendliche hier mitmachen, sollte abgesteckt werden, was im Netz öffentlich gezeigt wird. Denn häufig teilen Jugendliche Dinge, die früher nur das engste Umfeld wusste. Ganz klar sollte ihnen bewusst sein, dass das, was die anderen zeigen, nicht der Wahrheit entsprechen muss.

Natürlich kann sich Instagram nicht nur auf das Selbstbild von Mädchen auswirken, auch Jungen sind hiervon nicht ausgenommen. Sie haben vielleicht andere Interessen, aber ein Fitness-Influencer mit gestähltem Körper, der sich – überspitzt gesagt – lieber von Protein-Shakes und Eiweiß-Riegeln statt Käsebrot ernährt, kann zum Vorbild werden und die Selbstwahrnehmung verzerren. Dann kann man Kindern nicht wie im Fernsehen sagen: Ach, das ist doch nur Fernsehen, das sind doch nur Schauspieler. Nein, das sind Influencer ganz offensichtlich nicht, auch wenn nicht alles Gezeigte immer wahr ist.

Natürlich kann man auch hier nicht alle über einen Kamm scheren und sagen, alle Influencer seien schädlich für Heranwachsende. Es gibt viele Accounts, die sich durchaus ihrer Verantwortung bewusst sind, auf Wissen setzen und Kooperationen sowie ihre eigene Außenwahrnehmung durchaus gewissenhaft prüfen.

Schutz vor weiteren Gefahren auf Instagram

Wie bei allen Social-Media-Apps sollten Kinder und Jugendliche auch bei Instagram begleitet werden. Es finden sich nämlich Inhalte, die Erklärung benötigen oder vor denen Kinder schlichtweg geschützt werden sollten. Pornografische oder andere kritische Bilder gehören dazu. Der Algorithmus ist durchaus in der Lage, die meisten Porno-Pics und gewaltverherrlichenden Inhalte zu entdecken und zu löschen. Wir haben in unseren Recherchen aber festgestellt, dass eben doch mal Bilder durchrutschen. Die Redaktion von *STRG_F*, einem öffentlich-rechtlichen Angebot, ist in einer Dokumentation 2020 dem Thema »Drogen bei Instagram« nachgegangen. Mit erschreckenden Erkenntnissen: Pillen und Tütchen werden über die Direktnachrichten bestellt, nach dem Erstkontakt folgt der Plattform-Wechsel auf den Messenger »wickr«, bezahlt wird über Bitcoins.

Wenn Kinder Social-Media-Plattformen wie Instagram nutzen, müssen sie auch über Cybergrooming aufgeklärt werden. Dazu lesen Sie mehr im Kapitel *Netzphänomene*. Denn jede Plattform, auf der man mit Fremden in Kontakt treten kann, wird heute leider von Cybergroomern missbraucht.

Hier die wichtigsten Tipps, um Ihre Kinder auf Instagram zu schützen:

- Privates Profil einrichten, um den Kontakt zu Fremden über die Direktnachrichten und Video-Calls einzuschränken und zu verhindern, dass die Bilder in die Google-Suche einfließen, weil sogenannte Instagram-Viewer öffentliche Profile auch im Browser darstellen.
- Jüngere Nutzer sollten nur die in ihren Abonnement-Listen haben, die sie auch im wahren Leben kennen, um Kontaktaufnahmen von Fremden zu verhindern.
- Instagram erst ab einem Alter von dreizehn Jahren nutzen.
- Das Kind sollte auf dem Profilbild nicht erkennbar sein.
- Auf Klarnamen verzichten und den Account mit einem Fantasienamen versehen.
- Kommentare verwalten: Anstößiger Content und Nachrichtenanfragen mit potenziell anstößigen Inhalten können verborgen werden.

- Wort-Filterliste nutzen: Kommentare mit bestimmten Begriffen werden gesperrt.
- Beitrags-Funktion: Das Markieren des eigenen Accounts nur für Nutzer zulassen, denen das Kind folgt.
- Aktivitätsstatus deaktivieren, damit andere nicht sehen, wenn das Kind online ist.
- Standort deaktivieren, das geht in den Datenschutz-Einstellungen des Geräts.
- Für die Instagram-Stories eine Liste »enge Freunde« anlegen, so kann nur der ausgewählte Kreis die geteilten Momente dort sehen.
- Es besteht die Möglichkeit, die Likes auszustellen. Das kann bei jedem geposteten Beitrag entschieden werden.
- Wenn Sie auf dem Laufenden bleiben möchten, welche Änderungen und Anpassungen Instagram vornimmt, finden Sie über die Websuche auf dem »Instagram Blog« sowie im »Instagram Leitfaden für Eltern« aktuelle Informationen.

Viele Gespräche mit dem Kind zur Nutzung von Instagram, die Einordnung von Werbung dort und was wie geteilt wird, sind also wichtig. Wir empfehlen klare Regeln, und das gilt natürlich für alle Social-Media-Plattformen, was gepostet wird und was nicht. Und welche Bilder und Videos man dort nicht posten darf – zum Beispiel Fotos von anderen. Lesen Sie dazu auch das Kapitel *Recht im Netz*.

TikTok

TikTok stammt vom chinesischen Konzern ByteDance. Sie können einen ersten Blick auf tiktok.com werfen, ohne sich die App runterzuladen. Falls Ihr Kind aber TikTok nutzt, macht es unbedingt Sinn, die App auch als Eltern zu besitzen, damit man sich besser mit den Einstellungen befassen und den Elternmodus aktivieren kann.

TikTok hieß einst »musical.ly«. Damals ging es lediglich darum, lustige Lipdub-Videos zu erstellen, also Clips, bei denen man lediglich den Mund zu einem Song bewegt, ohne wirklich zu singen. Doch hinter diesem Spaß zeigten sich schnell massive Probleme aufgrund fehlenden Jugendschutzes. Kinder und Jugendliche wurden in den Kommentaren ihrer Videos oder über die Direktnachrichten von Cybergroomern angesprochen: Das sind Täter, die in Spielen und auf Social-Media-Apps versuchen, mit Kindern in Kontakt zu treten, um sexuelle Interaktion oder Fotos zu erpressen. Im August 2018 übernahm ByteDance den Dienst, alle Nutzer wurden in TikTok übernommen. TikTok selbst hat mittlerweile einen besseren Jugendschutz, dazu später mehr. Die App hat eine Altersfreigabe ab dreizehn Jahren, allerdings findet auch hier keine Altersprüfung statt, sodass Kinder bei der Anmeldung einfach schummeln können.

Bis heute kommen immer wieder neue Funktionen hinzu. Lipdub gibt es kaum mehr, meist sind es kurze Wissensvideos, Comedy-Clips und jede Menge tanzende Leute. Man kann sich wirklich lange in der App verlieren, weil sie hervorragend unterhält. Das muss man ihr lassen. Die Clips sind maximal sechzig Sekunden lang und mit Filtern, Effekten sowie Sound unterlegt.

TikTok funktioniert erst einmal für alle gleich. Man öffnet die App, gelangt zum »Für dich«-Feed und sieht Videos. Dabei merkt sich der Algorithmus jedoch, was wir uns ansehen, was wir erneut ansehen, wie lange wir etwas ansehen – und was wir wegwischen oder sogar mit »nicht interessiert« markieren.

Aber auch über die Hashtag-Suche wird gesteuert, was uns künftig angezeigt wird. So entsteht nach und nach ein Datengebilde um alle, die TikTok nutzen. Man denkt sich zunächst: Ach super, wenn ich mich für Comedy interessiere, bekomme ich immer wieder neue witzige Clips angezeigt. Oder wenn ich Kätzchen-Videos gerne sehe, sehe ich noch mehr lustige Katzen. Das stimmt, aber der Algorithmus funktioniert auch bei problematischen Themen. Nehmen wir das Beispiel Depression. Hier finden sich unendlich viele Clips von betroffenen Jugendlichen. Das kann dazu beitragen, sich verstanden zu fühlen. Die schiere Masse an Content aber, die vielen emotionalen Videos können das eigene, negative Gefühl noch mehr verstärken. Und TikTok lernt schnell, wo meine verletzlichen Punkte sind.

Gefahren bei TikTok

Immer wieder tauchen Challenges bei TikTok auf, die für Kinder und Jugendliche häufig gefährlich sind. Eltern fahren daher ganz gut damit, dem Kind zu sagen: Einfach lassen und niemals nachmachen! Egal, welche Challenge es dort sieht, egal, wie spannend die Herausforderung ist.

Anfang 2020 machte die »Skullbreaker-Challenge« die Runde, auch bekannt unter den Namen »Jump-Challenge« oder »Tripping-Challenge«. Das Prinzip: Drei Jugendliche filmen sich und hüpfen gleichzeitig hoch, dann schlagen die rechts und links Stehenden der mittleren Person die Beine weg. Die Challenge kann zu massiven Verletzungen führen. TikTok selbst schränkte die Sichtbarkeit der Videos schnell ein, allerdings wurden sie von anderen Usern abgefilmt und später auf Instagram und bei Youtube geteilt. Etwas harmloser, aber auch nicht ungefährlich war die »Superglue-Challenge«, die immer wieder hochkommt. Hier kleben sich Teenager mit Sekundenkleber Körperteile zusammen, also zum Beispiel die Oberlippe unter die Nase, damit diese praller aussieht. In Mannheim hatte sich eine vierzehnjährige Schülerin bei dieser Challenge an eine Stange geklebt. Sie musste von der Feuerwehr gerettet werden. Außerdem soll es die »Blue-Whale-Challenge« geben, die Jugendlichen an fünfzig aufeinanderfolgenden Tagen Aufgaben stellt und mit dem Suizid des Teilnehmers endet. Allerdings wurde bis heute kein Fall bekannt, der tatsächlich in Verbindung mit der vermeintlichen Challenge steht. Anders ist das bei der »Pass-Out-Challenge«. Hier schütteln junge Menschen ihren Kopf so oft hin und her, bis sie kurzzeitig ihr Bewusstsein verlieren.

Dass diese Challenges eine reale Gefahr darstellen, zeigt auch die »Blackout-Challenge«. Ein zehnjähriges Mädchen aus Italien hatte sich im Januar 2021 versehentlich erdrosselt, weil die Teilnahme an der Challenge ein ultimatives Hochgefühl versprach, wenn man mit einem Hilfsmittel wie Schal oder Gürtel die Sauerstoffzufuhr einschränke. Italien sperrte TikTok daraufhin für drei Wochen im ganzen Land.

Wenn Sie oder Ihr Kind auf eine Challenge aufmerksam werden, ist wichtig, das entsprechende Video innerhalb der App unbedingt zu melden. Parallel hilft es auch, auf der Website von jugendschutz.net im Bereich »Verstoß melden« eine Nachricht zu hinterlassen.

Im Februar 2024 hat die EU-Kommission ein Verfahren gegen TikTok eingeleitet. Hierbei soll geprüft werden, ob TikTok gegen die Jugendschutz-Anforderungen verstoßen hat und genug gegen die Verbreitung illegaler Inhalte unternimmt.

Mehr Schutz auf TikTok

Kinder und Jugendliche sollten TikTok genau wie Instagram nicht im öffentlichen Modus nutzen. Unter jedem Video wird dann ein »Teilen«-Button platziert, der erlaubt, den Clip über WhatsApp, per Mail, als SMS oder direkt bei Instagram, Snapchat oder Facebook zu teilen. Jeder könnte somit das öffentliche Video eines Kindes auf der ganzen Welt verbreiten.

Weitere Einstellungen, die wir empfehlen:

- Nutzernamen des Kindes ohne Klarnamen
- In den Einstellungen im Bereich »Datenschutz« die Kommentare und Direktnachrichten deaktivieren, damit Fremde nicht in Kontakt mit dem Kind treten können.
- Die Bildschirmzeit im Bereich »Digital Wellbeing« aktivieren, so bekommt das Kind nach 40, 60, 90 oder 120 Minuten einen Warnhinweis, dass es bereits »zu lang« in der App ak-

tiv ist. Besprechen Sie, wie viel Zeit Sie als zu lang empfinden. Ebenfalls in diesem Bereich finden Sie den eingeschränkten Modus, den Sie aktivieren können. Er ist wie eine Art Sicherheitsfilter und kann vor unangemessenen Inhalten schützen. Im Bereich »Begleiteter Modus« können Sie den Elternmodus aktivieren. Dafür ist erforderlich, dass Sie selbst auch die App auf Ihrem Gerät haben. Sie werden durch die einzelnen Funktionen geführt, können das Smartphone Ihres Kindes mit Ihrem eigenen verbinden und so die App sicherer einstellen.

Positives auf TikTok

TikTok hat auch positive Aspekte – allen voran natürlich der Spaßfaktor. Außerdem finden sich unter dem Hashtag #LernenMitTikTok Milliarden von Videos, die sich mit Fragen beschäftigen, über die man sich im wahren Leben nicht austauscht – zum Beispiel, was die Farbe des Pipis bedeutet. Vielfältig können auch die Themen sein, wenn man Anwälten, Mathe-Lehrerinnen oder Journalisten folgt. Empfehlenswert sind zum Beispiel die Accounts von Leonie Schöler, @heeyleonie. Sie ist mit @diewissenschaftlerin im Bereich Wissenschaft eine der größten deutschsprachigen Creators, wie TikTok sie nennt. Auch Tim Hendrik Walter als @herranwalt bietet gut aufbereitete Inhalte. Die Clips dieser Creators nehmen sich wichtiger Themen in kleinen Häppchen an, was den Zugang für Jugendliche erleichtert. Ein positives Zeichen ist auch, dass TikTok seit Januar 2021 neue Regelungen für die Accounts von Jüngeren umgesetzt hat – wie automatisch privat gestellte Konten für Kinder zwischen dreizehn und fünfzehn Jahren sowie den begleiteten Modus für Eltern.

Snapchat

Snapchat ist ein Messenger, der verspricht: Alles wird nach 24 Stunden gelöscht. Das bringt junge Menschen dazu, sich in falscher Sicherheit zu wiegen. Snapchat selbst hat natürlich alle Daten weiterhin, wirklich weg ist hier nichts. Die Server stehen in den USA, dort gelten andere Bestimmungen als in der Europäischen Union. Wie bei allen sozialen Netzwerken und Messengern sollte auch hier genau abgewogen werden, was geteilt, gepostet und gezeigt wird. Die sogenannten Snaps, eine Art Status-Nachrichten in Form von Fotos oder Videos, können natürlich jederzeit auch von Dritten abgefilmt und weiterverbreitet werden.

Über die Funktionen von Snapchat wissen Eltern in der Regel kaum etwas, weil es schlichtweg unmöglich scheint, die App zu verstehen. Tatsächlich ist die App für Erwachsene weniger intuitiv als andere Anwendungen. Wir nehmen Sie im Folgenden einmal mit in die Snapchat-Welt, denn natürlich gibt es dort Einstellungen, die man kennen sollte.

Snapchat hat ein Mindestalter von dreizehn Jahren, und auch hier muss die Altersabfrage nicht wahrheitsgemäß beantwortet werden. Jugendliche nutzen die App hauptsächlich zum Chatten. Sie schicken weniger Texte hin und her, sondern vielmehr Bild- und Videodateien. Durch jede Menge Filter, die wirklich lustiger sind als die bei TikTok und Instagram, werden insbesondere auch Selfies versandt. Ein paar kennen Sie bestimmt: den Tierfilter (»Ich als Hund«) sowie den Alterungsfilter (»Ich als Baby vs. Ich als Opa/Oma«).

Drei Snapchat-Besonderheiten, die Sie kennen sollten

Filter und Fotos – klingt erst mal alles lustig. Drei Punkte stören uns bei Snapchat aber wirklich, wenn es um Jugendschutz geht. Da ist einmal die Snap-Map, eine Landkarte. Sie zeigt anderen in der App, wo genau ich mich gerade befinde, und zwar so detailliert, dass man über die Satelliten-Funktion das entsprechende Gebäude ausfindig machen kann. Die Snap-Map kann deaktiviert werden. Man wechselt dann in den sogenannten Geist-Modus, was wir unbedingt empfehlen. Alternativ können Sie direkt am Gerät die Ortungsdienste ausstellen. Snapchat wird Ihr Kind aber leider immer daran erinnern, sofern es die App nutzt, dass es den Standort ausgestellt hat. Nicht cool, weil dies ja immer wieder aufs Neue verleitet: Na gut, dann stelle ich den Dienst eben doch an!

Die zweite Sache sind die Flammen bei Snapchat. Das Flammen-System belohnt jede Konversation innerhalb der App. Chattet Kind 1 mit Kind 2 drei Tage in Folge, bekommen beide als Belohnung dafür »Flammen«. Tauschen sie sich an siebzehn aufeinanderfolgenden Tagen miteinander aus, erhalten sie dafür siebzehn Flammen. Schicken sich die beiden hingegen über 24 Stunden hinweg mal keine Snaps, werden die Flammen gelöscht. Diese Funktion animiert Jugendliche leider dazu, noch mehr Konversation in die App zu verlagern. Die Flammen will niemand verlieren. Und das, obwohl in diesem vermeintlichen Belohnungsprinzip überhaupt keine Belohnung erfolgt. Es bleibt bei Flammen. Um diese zu halten, muss man viel Zeit in der App mit anderen verbringen. Jetzt denkt man als Erwachsener: Nun, wenn die Flammen sowieso nichts bringen, warum sind sie dann so wichtig? Wir interpretieren sie wie eine digitale Währung – für Freundschaften.

> Als ich meine Tochter samt Freundinnen vor einigen Jahren in die Reiterferien fuhr, war das Thema während der gesamten Fahrt das drohende Handy-Verbot während der Zeit vor Ort. Die Veranstalter hatten in ihren Regeln festgelegt, dass alle Kinder bei Ankunft neben Ausweis, Krankenkarte oder Impfpass auch ihre SIM-Karte abgeben müssen. Das Smartphone durfte also zum Erstellen von Fotos und Videos genutzt wer-

den, aber eben nicht zum Spielen oder Chatten. Die Not einiger, die bei mir im Auto saßen, war wirklich groß: »Und was passiert dann mit meinen Flammen?«, fragte ein Mädchen verzweifelt. Eine verzweifelte Lösung gab es auch schon: »Mir egal, ich schmuggle meine SIM-Karte mit rein, sonst verliere ich die alle!!« Die Ernüchterung kam vor Ort: Jedes Kind musste seine Karte abgeben. Das Mädchen weinte bitterlich.
Leonie

Dieses Beispiel haben wir so oder ähnlich öfter erlebt. Manche Kinder bereiten smartphonefreie Zeiten konkret vor. Sie suchen vor Klassenfahrten zum Beispiel Freunde, die nicht mitfahren und während der Abwesenheit das Handy mit Snapchat-Zugang bekommen, damit sie weiter Snaps verschicken. Ein Foto am Tag reicht – das gilt in der App schon als Konversation. Hauptsache, die bricht nicht ab, Hauptsache, die Flammen werden nicht gelöscht. Wie groß die Not für manche Kinder ist, zeigt auch eine Suche bei Google. Im Herbst 2021 fanden wir unter den Schlagworten »Wie stellt man Snapchat Flammen wieder her?« mehr als 29 Millionen Ergebnisse.

Die dritte Sache, die wir bei Snapchat für bedenklich halten, ist die algorithmisierte Bewertung von Kontakten. Snapchat bewertet mit diesem Tool die Freundschaften von Nutzern, die sich innerhalb der App austauschen, also Snaps schicken. Man ist »Bester Freund aller Zeiten«, wenn man seit mindestens zwei Monaten jeweils der »allerbeste Freund« des anderen ist – innerhalb der App, versteht sich. Oder »Superbester Freund«, wenn die Snapchat-Freundschaft immerhin schon zwei Wochen anhält. Manchmal reicht es nur für »gemeinsame Besties«, dann nämlich, wenn man mit einem anderen Nutzer einen gemeinsamen »allerbesten Freund« hat.

Freundschaften werden nicht nur anhand von Häufigkeit und Regelmäßigkeit bewertet, sondern sie werden über Warnungen auch mit dem Flammen-System verknüpft: »Eure Flammen erlöschen bald! Du und dein Freund müsst euch innerhalb von 24 Stunden einen Snap schicken, sonst verschwindet die Flamme! In Gruppen verschickte Chats und Snaps zählen nicht!«

Die Tatsache, dass junge Menschen hier permanent verleitet werden, vieles in die App zu verlagern, halten wir für bedenklich. Dann liegt auch nahe, dass die Benachrichtigungen aktiviert werden und alles, was innerhalb der App geschieht, umgehend als Push-Mitteilung auf die Smartphones von Kindern und Jugendlichen gelangt. Da Snapchat meist nicht der einzige Messenger ist, den Kinder nutzen, sondern auch WhatsApp und Social-Media-Kanäle hinzukommen, kann die ganze Flut der Nachrichten wirklichen Stress auslösen.

Snapchat sinnvoll einstellen

Der Youtube-Kanal »Handysektor« hat ein Video für Jugendliche, wie sie die App einstellen sollten. Das können wir in jedem Fall empfehlen. Außerdem regen wir auch hier das Gespräch mit Fragestellungen an, die Sie mit Ihrem Kind durchgehen können: Tut dir das wirklich gut? Ist es nicht besser für dich, wenn du die Benachrichtigungen deaktivierst und nur dann die App nutzt, wenn du Zeit und Lust dazu hast? Willst du dich wirklich von Flammen stressen lassen? Und entspricht die Bewertung deiner Kontakte wirklich dem, wem du dich als bestem Freund oder beste Freundin nahe fühlst?

Der Geist-Modus sollte in jedem Fall aktiviert werden. Denn natürlich können auch Fremde mit dem Kind auf Snapchat »befreundet« sein. Und da wir überhaupt nicht wissen, warum die mit dem Kind chatten und welche Ziele sie verfolgen, sollten sie zumindest nicht Zugriff auf den Standort und somit den Wohnort oder die Schule des Kindes haben.

Youtube

Youtube ist streng genommen keine Social-Media-Plattform, hier behandeln wollen wir sie dennoch. Denn: Youtube ist Fluch und Segen zugleich, das würden viele Eltern sicherlich unterschreiben. Aber warum eigentlich auch Fluch? Immerhin gibt es doch eine Ausweichmöglichkeit für die kleineren Kinder, Youtube Kids, wo sie sich sicher bewegen können. Ob das tatsächlich so ist und was man über Youtube generell wissen sollte, darauf möchten wir im Folgenden eingehen.

Bedenkliche Inhalte

Jeder kann bei Youtube alles hochladen. Dadurch entsteht massenhaft Content, der teils hilfreich ist, wenn wir an Nachhilfe denken, an Rezeptanleitungen oder Bastelvideos. Aber zwischen all diesen Inhalten schaffen es natürlich auch immer wieder für Kinder ungeeignete Videos auf die Plattform. Bei so vielen Clips ist es überhaupt nicht möglich, dass eine Redaktion, also Menschen, jeden einzelnen prüfen. Diese Aufgabe wird technisch gelöst. Und Technik, das wissen wir, ist nicht immer zuverlässig.

Nun ist es überhaupt nicht gefährlich, wenn ein älteres Kind zum Beispiel einen Mathe-Clip sieht. Durchaus bedenklich ist die Youtube-Nutzung aber dann, wenn Kleinkinder unbeaufsichtigt vor den Videos hängen. Einem Video, das ein Kind aktuell anschaut, folgt eine Empfehlung, die häufig direkt nach dem gesehenen Clip angespielt wird, ohne dass das Kind etwas tun muss. Hinzukommen weitere Videos, die der Algorithmus in der rechten Leiste ausspuckt. Inhalte, die auch gefallen könnten.

Ein Beispiel: Lisa ist drei Jahre alt und schaut bei Youtube regelmäßig Videos von *Caillou*. In der rechten Leiste werden ihr immer wieder neue *Caillou*-Videos empfohlen, sodass sie sich durchklicken kann. Lisa kann jedoch noch nicht lesen, also entscheidet sie anhand der

Vorschaubilder. Nun erscheinen unter den Empfehlungen aber auch nachträglich bearbeitete *Caillou*-Videos. Sie nennen sich »Nazi Caillou« oder »Caillou-Verarsche«. In diesen Clips taucht immer wieder eine metallische Stimme auf, die Wörter in den Clip schreit: Penis, Eier, Adolf Hitler, Fotze, Schlampe und so weiter. Youtube hat zwar mittlerweile mehr Schutzeinstellungen zur Verfügung. Auch lässt sich so manches Video nicht abspielen, es sei denn, man nutzt die App mit einem eingeloggten Eltern-Account. Allerdings muss das nicht zwangsläufig den Kindern helfen. Wenn Eltern einen Youtube-Account haben und dort ihr Alter hinterlassen, merkt sich die Anwendung: Die Person, die das hier nutzt, ist älter als achtzehn Jahre. Schaut das Kind über den Account der Eltern bei Youtube, sieht es auch alle Inhalte uneingeschränkt. Im Falle der »Caillou-Verarsche«-Clips sind beispielsweise einige Inhalte nur eingeschränkt sichtbar, andere nicht. Für Kinder bedeutet das keinen umfassenden Schutz.

Ende 2018 habe ich angefangen, für meine Eltern-Kurse zu recherchieren. Ich sammelte tagelang bedenkliche Videos bei Youtube. Nahezu alle Kinderhelden wie *Peppa Wutz* oder *Caillou* hatten nachträglich bearbeitete Clips auf der Plattform. All diese Clips habe ich gemeldet. Nur ein Bruchteil wurde offline genommen, manche eingeschränkt, andere sind bis heute nach wie vor unverändert bei Youtube zu finden.
Leonie

Jüngere Kinder sollten also in keinem Fall Youtube nutzen. Und Youtube Kids? Wenn Sie die App sicher einrichten und ein Profil mit einem Google-Account als Eltern erstellen, können Sie festlegen, welche Inhalte dem Kind freigegeben werden und welche blockiert sein sollen. Auf Youtube Kids gibt es tolle Kanäle, die sich freischalten lassen, und eine Suche, die deaktiviert werden kann. Das ist dann interessant, wenn Kinder bereits lesen und schreiben können, Eltern sie aber vor ungeeigneten Inhalten schützen wollen.

Es ist also ausgesprochen wichtig, die Einstellungen, die Youtube Kids anbietet, auch zu nutzen. Wer mehrere Kinder hat, kann für jedes Kind und je nach Alter ein Profil anlegen. Sinnvolle Einstellungen, die man über einen angemeldeten Eltern-Account einrichten kann, sind:

- Suche deaktivieren: schützt vor Inhalten, die für das Kind zu aufregend, zu stressig oder zu gruselig sind.
- Wiedergabeverlauf pausieren. Das verhindert, dass Suchanfragen oder Videoaufrufe Einfluss auf neue Empfehlung haben.
- Nur genehmigte Inhalte zulassen: Hier geben Eltern konkrete Kanäle frei, die altersgerecht und passend fürs Kind sind.

Kinderinhalte sind also nicht gleich Kinderinhalte. Wenn man Youtube Kids sicherer einstellt, ist ein großer Schritt getan. Ansonsten empfehlen sich, wie auch im TV, die Angebote der öffentlich-rechtlichen Sender für Kinder und Jugendliche. Alterseinstellungen und Kindersicherungen lassen sich außerdem bei Bezahl-Diensten wie Netflix, Amazon Prime Video oder Disney+ anpassen. Der Vorteil von kostenpflichtigen Inhalten: Sie werden standardmäßig redaktionell geprüft.

Ältere Kinder

Schwieriger wird es bei älteren Kindern, zumal manche schon ein eigenes Smartphone besitzen. Dann wollen sie nicht mehr die Kinder-Versionen nutzen, weil sie aus den Inhalten schlichtweg rausgewachsen sind und ihre Interessen sich verändern. Und Youtube ist auch Jugendkultur! Ältere Kinder und Jugendliche bewundern Youtuber und verfolgen ihre Videos mit Leidenschaft. Viele Youtuber haben Kultstatus und werden als Vorbilder und Stars angesehen. Geben Sie mal »Trymacs«, »ungespielt« von Simon Unge oder »Bibis Beauty Palace« in die Suche ein. Sie sehen dann echte Youtube-Stars, die als Influencer mit ihren Youtube-Kanälen sehr viel Geld verdienen.

Youtube-Influencer und Videos gibt es mittlerweile im Bereich Beauty und Mode, Do-it-Yourself und Tutorials, Musik, Sport, Kochen, Gaming und so weiter. Sie spiegeln die ganze Palette der Youtube-Genres wider. Die Selbstdarstellung und -inszenierung, die mit einem eigenen Youtube-Kanal zwangsläufig einhergeht, wird oft begleitet von Werbeverträgen, mit denen Youtuber ihr Geld verdienen. Das sollte denen, die die Videos konsumieren, also den Kindern und Jugendlichen, unbedingt bewusst sein.

Werbung auf Youtube ist leider nicht immer so offensichtlich wie in den sogenannten Pre-, Mid- oder Post-Rolls, die vor, während oder nach dem Video abgespielt werden. Der angehimmelte Youtuber schafft eventuell auch nebenher im Video selbst einen Kaufanreiz, indem er Pullis einer bestimmten Marke trägt. Handelt es sich um einen Werbedeal mit einem Unternehmen, muss das entsprechende Video als Anzeige gekennzeichnet sein. Ihre Kinder erkennen das an einer dauerhaften Einblendung im Video selbst, die meist oben rechts oder links im Clip – häufig recht unscheinbar – zu finden ist. Auch Affiliate Links, die sich in den Infotexten unter den Videos befinden, müssen als solche kenntlich gemacht werden. Affiliate Links haben jedoch für die, die sie angezeigt bekommen, keinen Nachteil, der Youtuber bekommt in diesem Fall eine Art Umsatzbeteiligung am verlinkten Produkt. Der Preis für den Käufer ändert sich jedoch nicht.

Beim Konto des Kindes gibt es in der Youtube-Kids-App in den Einstellungen die Möglichkeit, den eingeschränkten Modus zu aktivieren. Damit werden potenziell jugendgefährdende Inhalte blockiert. Dies kann eine Möglichkeit sein, auch bei älteren Kindern, die Inhalte noch einmal zu filtern. Damit nicht ständig neue Inhalte vorgeschlagen werden, kann zudem die »Autoplay«-Funktion deaktiviert werden.

Youtube hat für ältere Kinder durchaus viele Vorteile, weil sich dort nicht nur witzige Clips, sondern gute Inhalte befinden, zum Beispiel viele Erklär- und Wissensvideos für spannendes schulisches und außerschulisches Lernen. Am Ende dieses Buches finden Sie Tipps für hilfreiche Youtube-Kanäle.

Hilfe, mein Kind will Youtuberin sein!

> Durch meine Onlinekurse erhalte ich immer wieder Nachrichten von Eltern, die verzweifelt versuchen, ihren Kindern eigene Youtube-Accounts auszureden. Das gelingt nicht immer, und viele Kinder starten dann heimlich öffentliche Accounts.
> *Leonie*

Kinder können je nach Alter nicht überschauen, welche Konsequenzen ein eigener Youtube-Kanal hat. Ihnen fehlt zum Beispiel die Weitsicht, wie sich negative Kommentare oder Dislikes anfühlen, wie Freunde oder die Schulklasse auf die Videos reagieren und dass Youtube bedeutet: Jeder Mensch, egal welchen Alters, kann sich das ansehen. Überall. Und jeder kann es abfilmen und auf dem eigenen Gerät speichern, auch wenn man selbst den Inhalt wieder gelöscht hat.

Sollte der Wunsch bei Kindern sehr groß sein, empfehlen wir Alternativen. Mit dem Computer oder Smartphone können einfach so Videos produziert werden, ohne dass sie auf einer Plattform hochgeladen werden.

Eine Alternative kann »juki« von kindersache.de sein. Dort laden Kinder ihre Videos hoch und zeigen sich selbst kaum. Vielmehr geht es um Haustiere, Bastelanregungen und Let's-Play-Videos. Im Gegensatz zu Youtube, das nicht reguliert und kontrolliert wird, schaut bei juki auch eine Redaktion drüber, sowohl über die Videos als auch über die Kommentare.

Das Internet vergisst nicht! Stimmt das?

Das Internet vergisst nicht, heißt es oft. Völliger Quatsch, sagen andere. Völlig richtig, finden wir. Wer zum Beispiel eine Website hat, wird automatisch vom Internet-Archiv »Wayback Machine« durchforstet. Die Seite erstellt Screenshots, die über Jahre erhalten bleiben. Spannend ist das, wenn man sich eine Internetseite wie kika.de anschaut. Durch die Wayback Machine kann man regelrecht in alte Zeiten zurückkehren. Im Jahre 2010 sah die Seite des Kinderkanals natürlich ganz anders aus als 2022. Auch Blogs sind Webseiten, hier werden ebenfalls Duplikate erstellt. Man kann theoretisch Daten bei Wayback Machine löschen lassen – wir scheiterten in unserem Test jedoch daran.

Öffentlich gepostete Fotos können Jahre später noch auffindbar sein, weil wir überhaupt keine Handhabe haben, welche Wege diese Fotos gehen. Auch das geschriebene Wort kann nach längerer Zeit in neuem Kontext missverständlich interpretiert werden. Darüber stolperte nach der Bundestagswahl 2021 auch die Sprecherin der Grünen Jugend, Sarah-Lee Heinrich. Tweets[19], die sie im Alter von dreizehn bis vierzehn Jahren absetzte, sorgten 2021 dafür, dass sie Morddrohungen erhielt. Am 10. Oktober 2021 twitterte sie: »Moral von der Geschichte: Schreibt nicht jeden scheiß ins Netz! Ihr dürft meine Story gern in Zukunft am Küchentisch und in der Schule als Abschreck-Beispiel verwenden, damit junge Menschen lernen, verantwortungsbewusst mit dem Internet umzugehen.«

Was heißt das für Kinder und Jugendliche? **Wer soziale Netzwerke nutzt, sollte diese regelmäßig bereinigen, vielleicht auch mal alte Accounts löschen und neue eröffnen.** Denn auch ein potenzieller Arbeitgeber nach der Schule hat Zugriff auf die Texte, Fotos und Videos, die Jugendliche Jahre vorher öffentlich gepostet haben. Es sind also nicht immer zwingend die Technologien und Apps, die uns gläsern machen – es sind auch wir, mit dem, was wir posten.

Social-Media-Regeln für Teens

Auch wenn die Funktionen der verschiedenen Social-Media-Apps und Messenger voneinander abweichen, klare Regeln sollten für alle Anwendungen vereinbart werden. Regeln stehen auch hier nicht für Verbot, sondern für Sicherheit. Unsere Anregungen:

- **Ortungsdienste:** Sofern möglich, diese innerhalb der jeweiligen App deaktivieren (zum Beispiel den Geist-Modus bei Snapchat). Je nach Betriebssystem und Gerät können die Ortungsdienste auch direkt am Smartphone deaktiviert werden. Oder Sie wählen aus, für welche Anwendungen der Dienst erlaubt oder verboten ist.
- **Nutzernamen:** Es gibt keine Klarnamenpflicht im Internet, was Kinder grundsätzlich schützt. Wir empfehlen daher Accounts, von denen sich weder Name, noch Alter, Wohnort oder Geschlecht ablesen lassen.
- **Rechte wahren:** Fotos von anderen Personen wie Lehrkräfte oder Prominente, aber auch Gleichaltrige, dürfen nicht ohne deren Einwilligung geteilt werden. Das gilt natürlich auch für Videos. Mehr dazu im Kapitel *Recht im Netz.*
- **Daten beschützen:** Auch Fotos und Videos zählen wir an dieser Stelle zu Daten. Jede Information, ob Text oder Bild, hinterlässt einen digitalen Fußabdruck. Daher sollten alle genau überlegen, was sie im Netz preisgeben, welche Fotos wirklich gepostet und welche Videos geteilt werden. Weniger ist hier mehr.
- **Privatsphäre:** Damit Kinder im Netz geschützter unterwegs sind, sind nicht öffentliche Accounts wichtig. Das gilt insbesondere bei TikTok und Instagram. Hierzu gehört auch, nicht alle Freundschaftsanfragen anzunehmen, sondern konkret zu prüfen: Kenne ich die Person wirklich?
- **Passwort-Schutz:** Es empfiehlt sich, mehrere Passwörter zu verwenden und nicht ein Passwort für alle Apps. Merksätze helfen, ein Passwort zu finden, wie »An meinem Geburtstag esse ich am

liebsten drei Kugeln Eis!«. Aus den Anfangsbuchstaben beziehungsweise Ziffern und Zeichen ergibt sich folgendes Passwort: AmGeial3KE!

- **Bedenkliche Inhalte:** Kettenbriefe oder andere bedenkliche Inhalte wie pornografische oder gewaltverherrlichende Fotos oder Videos sind auf allen Social-Media- und Messenger-Plattformen verboten. Verschicken Kinder entsprechendes Material, kann im Zweifel der Ausschluss aus der Plattform erfolgen. Unbedingt umsichtig mit dem Weiterleiten sein.
- **Spielregeln:** Auf Social Media gilt, was auch im wahren Leben gilt.
- **Melden und blockieren:** Inhalte, die die eigene Privatsphäre verletzen oder gegen die Regeln verstoßen (Pornografie, Gewalt) können in allen Apps gemeldet werden. Häufig findet sich die Funktion unter den »drei Pünktchen« unter- oder oberhalb eines Videos oder Fotos.

Eat. Sleep. Zocken. Repeat? Gaming bei Kindern und Jugendlichen

Bei kaum einem Thema schießen so viele Ängste und Sorgen hoch wie bei Gaming. Computerspiele halten in der allgemeinen Wahrnehmung als Ursache für viele Probleme her. Sie stehen immer wieder im Verdacht, für kindliches Übergewicht, mangelnden Schulerfolg, fehlende Sozialkontakte, Suchtverhalten und im schlimmsten Fall sogar für Amokläufe verantwortlich zu sein.

Andererseits spielen viele Kinder leidenschaftlich gerne in ihrer Freizeit und verbringen viel Zeit beim Gamen. In der KIM-Studie 2020[20] (Kindheit, Internet, Medien) gaben 60 Prozent der Sechs- bis Dreizehnjährigen an, in ihrer Freizeit digitale Spiele zu spielen, bei den etwas älteren Jugendlichen sind es schon 67 Prozent (JIM-Studie 2020 – Jugend, Information, (Multi-)Media)).

Diese Mischung aus Besorgnis und Begeisterung ist spannend. Denn ganz ehrlich: Wenn all das, was Computerspielen vorgeworfen wird, wirklich in Gänze so stimmen würde, dann dürften Kinder und Jugendliche niemals in dieser Dimension ihre Freizeit damit verbringen. Es lohnt sich also, und ist auch dringend notwendig, einmal ganz genau hinzuschauen. Worin besteht die Faszination des Computerspielens? Sind die angenommenen Gefahren wirklich real? Sind Computerspiele tatsächlich an sich problematisch, oder gibt es einfach nur Punkte, die man beachten und bei denen man Kinder und Jugendliche begleiten muss? Wir nehmen uns im folgenden Kapitel einzelne Aspekte des Computerspielens vor und geben Empfehlungen, welche Ängste wir als Eltern getrost loslassen dürfen, aber auch, wo wir wachsam und aufmerksam bleiben sollten. Schauen wir uns zunächst einmal die gängigsten Vorwürfe an, die Computerspielen gemacht werden.

Machen Computerspiele dick und krank?

Häufig begegnet uns in Elterngesprächen die Angst, dass Computerspiele gesundheitsschädlich sein könnten. Viele Eltern sorgen sich vor allem um die physische Gesundheit ihrer Kinder, die – vermeintlich – zu viel Zeit vor dem Bildschirm verbringen (möchten).

Die Sorge, dass regelmäßiges Zocken schädlich für die körperliche Gesundheit von Kindern sein könnte, muss differenziert betrachtet werden. Vorrangig steht meist im Raum, dass Kinder sich zu wenig bewegen und so in Gefahr geraten, übergewichtig zu werden. Wenn wir aber mal genauer hinschauen, bewegt sich ein Kind, das stundenlang ein Buch liest oder Gesellschaftsspiele spielt, auch nicht mehr als ein Kind, das vor einem Computer sitzt. Lesende Kinder sehen sich mit dem Vorwurf des Bewegungsmangels jedoch deutlich seltener konfrontiert als computerspielende. Hier wird wieder deutlich, dass sich Angst in Verbindung mit Digitalität automatisch zu potenzieren scheint. Zumindest an dieser Stelle dürfen wir getrost loslassen. Solange Kinder sich in ihrer Freizeit genügend bewegen, draußen sind, Freunde treffen oder sich beim Fußball verausgaben, ist die Sorge, dass Kinder größeren gesundheitlichen Schaden vom Computerspielen davontragen, eher unbegründet. Die Mischung ist hier entscheidend.

Der einsame Nerd?

> Mai 2020, mitten im ersten Lockdown: Mein zehnjähriger Sohn steht verzweifelt vor mir. Alle, wirklich alle seine Freunde treffen sich online bei »Fortnite«. Er sei der Einzige, der nicht dabei sein könne. Und auch ansonsten könne er seine Freunde im Moment nicht sehen und ob er nicht auch bitte, bitte endlich Fortnite spielen dürfe.
> *Anika*

Im Frühjahr 2020 begannen wir erst zu erahnen, was die Corona-Pandemie für uns als Familien und vor allen Dingen auch für unsere Kinder bedeuten würde. Dem zehnjährigen Jungen, der unbedingt Fortnite spielen wollte, fehlten seine Sozialkontakte besonders schmerzlich. Er stellte fest: Mit Freunden reden, spielen, sie treffen, das lief jetzt überwiegend online. Nicht das Computerspiel führte in die soziale Isolation, sondern ein bestimmtes Spiel nicht spielen zu dürfen. Das zeigt eines ganz deutlich: **Computerspiele können verbinden, gemeinsame Erlebnisse schaffen und auch zur sozialen Integration dazugehören.** Nicht nur während der Corona-Pandemie, sondern auch generell haben Computerspiele, die gemeinsam mit anderen gespielt werden, eine große soziale Komponente. Dass sie per se zur Vereinsamung führen, ist nicht richtig.

Auf der anderen Seite gibt es gute Gründe, warum Eltern nicht möchten, dass ihr Kind bestimmte Computerspiele spielt. Nicht geheuer ist ihnen zum Beispiel, wenn es darum geht, andere Figuren abzuschießen, oder wenn der Spannungsfaktor so hoch ist, dass Kinder in große Aufregung geraten, kaum noch ansprechbar sind und von den Spielen geradezu hypnotisiert erscheinen. Diese Bedenken sind ebenso berechtigt wie der Wunsch des Kindes, mitzuspielen und dazuzugehören.

Eine einfache Lösung, die für alle passt, gibt es hier nicht. Wichtig ist zunächst einmal, den Wunsch nach sozialer Integration und Kontakten ernst zu nehmen und gemeinsam nach einer Lösung zu suchen. Die kann ganz unterschiedlich aussehen. Grundsätzlich ist sinnvoll, sich über die Spiele, die Kinder spielen wollen, zu informieren und sie auch selbst anzuspielen, um eine konkrete Idee davon zu bekommen, womit genau das Kind seine Freizeit verbringen möchte. Für Ungeübte ist das häufig ein kurzes Vergnügen, dennoch bekommen Sie einen guten Eindruck von der grafischen Gestaltung und Konzeption des Spiels und können für sich selbst eine informiertere Entscheidung treffen, ob das Spiel für Ihr Kind geeignet sein könnte. Pädagogische Anhaltspunkte liefert hier auch der »Spieleratgeber NRW« (spielerat geber-nrw.de).

Eine weitere Möglichkeit sind »Let's play«-Videos, bei denen sich andere beim Spielen filmen. Diese Clips finden Sie zum Beispiel auf Youtube. Letztlich hängt die Entscheidung auch immer davon ab, wie sensibel ein Kind auf große Spannung oder bestimmte Bilder reagiert. Möglich ist auch, eine Testspiel-Phase zu vereinbaren, in der Sie mit Ihrem Kind gemeinsam erkunden, ob das Spiel zum Kind passt.

Wir haben uns mit unserem Sohn im Mai 2020 auf eine solche Testspiel-Phase geeinigt und als Eltern zunächst daneben gesessen, wenn er gespielt hat, um uns einen Eindruck zu verschaffen. Dabei mussten wir feststellen, dass die grafische Gestaltung deutlich moderater ausfiel, als wir uns das vorgestellt hatten. Dennoch geriet unser Kind beim Spielen in große Aufregung und Anspannung, die sich aber beim anschließenden Fußballspiel draußen schnell wieder legte. Auch sein Schlaf war nach wie vor gut, sodass es für uns letztlich in Ordnung war, dass er online mit seinen Freunden spielte. Heute im September 2021 ist Fortnite übrigens nur noch ein Nebenthema,

längst langweilig geworden und der mittlerweile fast Zwölfjährige fiebert auf das neue FIFA-Computerspiel hin.
Anika

Information und Begleitung sind hier Schlüsselwörter. Wir kennen auch Familien, die sich mit anderen Eltern abgesprochen haben, welche Spiele die Kinder gemeinsam spielen dürfen und welche nicht. Wenn der Kontakt unter den Eltern gut ist, kann auch das eine Möglichkeit sein, und das Verbot eines Spiels führt nicht zu sozialem Ausschluss. Wieder andere erlauben ihren Kindern zwar nicht das Spiel selbst, die Kinder dürfen aber »Let's Play«-Clips anschauen, in denen sie anderen beim Spielen zusehen – ein bisschen so wie Papa, der Samstagnachmittag anderen beim Fußballspielen zuguckt. So kann das Kind wenigstens mitreden. Die Lösungen können also sehr individuell sein.

Kinder und Jugendliche beim Gamen schützen

Eine offene Flanke gibt es beim Gamen jedoch, die Eltern unbedingt beachten müssen. Zum gemeinsamen Onlinespiel im Kontakt mit den Freunden gehört häufig die Nutzung der Chats. Solange das Kind nur mit seinen Freunden chattet, die es aus dem realen Leben kennt, ist das kein Problem. Leider ist diese Chatfunktion jedoch auch die ideale Plattform für Cybergrooming. Insbesondere während der Corona-Pandemie wurden Onlinespiele vermehrt von Tätern für Cybergrooming-Attacken genutzt. Und der Erstkontakt erfolgt über die Chatfunktion.

Die Täter sind dabei durchaus erfinderisch und können eingebaute Sicherheitsmechanismen der Spieleentwickler leicht umgehen. Da sie oft die Absicht haben, pornografisches Material zu tauschen, versuchen sie in der Regel schnell die Plattform zu wechseln und das Kind auf einem anderen Weg zu erreichen. Deshalb gibt es in der Chatfunktion einiger Spiele Sicherheitsfilter, durch die Wörter wie »Instagram« oder »WhatsApp« herausgefiltert werden. Schreibt man dann aber beispielsweise I.N.S.T.A.G.R.A.M, funktioniert der Filter schon nicht mehr. Die Täter wissen das. Somit stellt die Online-Chatfunktion eine reale Gefahr dar. Das wiederum müssen Eltern und Kinder wissen.

Es empfiehlt sich, jüngere Kinder nur Spiele ohne Chatfunktion spielen zu lassen oder diese, falls möglich, auszuschalten. Bei älteren Kindern wird es unter Umständen zu Diskussionen kommen, weil Chatten wesentlicher Bestandteil des gemeinsamen Spiels mit Freunden sein kann. Oder es ist erst gar nicht möglich, die Chatfunktion zu deaktivieren. Neben möglichen Cybergrooming-Attacken kann es während des Spiels mit fremden Mitspielern auch zu Cybermobbing, also zu fortwährenden Beleidigungen und verletzenden Kommentaren, kommen.

Hier ist es wichtig, mit Kindern und Jugendlichen sehr offen über die möglichen Gefahren zu sprechen und klare Regeln zu vereinbaren:

- Niemals sollten private Daten (Name, Alter, Adresse, Schule) preisgegeben werden. An niemanden. Auch nicht, wenn es jemand ist, mit dem man mehrere Runden gespielt hat und zu dem man ein vermeintliches Vertrauensverhältnis aufgebaut hat.
- Keine realen Treffen! Egal, was der andere verspricht, und auch nicht an vermeintlich sicheren, also öffentlichen Orten. Reale Treffen mit anonymen Mitspielern sollten keinesfalls stattfinden. Ausnahme: Ein Elternteil kommt mit.
- Die Webcam sollte immer ausgeschaltet sein. Einblicke ins Kinderzimmer sind tabu.
- Sollte es einmal zu Belästigungen und/oder Beleidigungen gekommen sein: Hilfe holen. Aber auch: Beweise sichern, Screenshots machen und den Benutzer blockieren und melden.

- Wenn Ihnen ansonsten etwas komisch vorkommt, wenden Sie sich an eine Beratungsstelle. Das kann juuuport.de sein, die Polizei oder das Elterntelefon der Nummer gegen Kummer. Auch Ihre Kinder sollten diese Beratungsstellen kennen. Das schützt sie für den Fall, dass es ihnen doch mal schwerfällt, sich an ihre Eltern zu wenden. Für Kinder ansprechbar sind zum Beispiel die Website Jugend.support, das Kindertelefon der Nummer gegen Kummer, juuuport.de oder auch krisenchat.de. Diese und andere Nummern finden Sie im hinteren Teil des Buches, mehr zu Cybergrooming außerdem im Kapitel *Netzphänomene*.

Der Messenger »Discord«

Neben den In-Game-Chatfunktionen nutzen viele Jugendliche auch Messenger, die parallel zum Spiel geöffnet werden, um mit anderen Spielern zu kommunizieren. Besonders beliebt ist hier »Discord«, ein Messenger, der auf dem Handy und auf dem Computer installiert werden kann. Über Discord können nicht nur Nachrichten verschickt, sondern auch Telefon- und Videokonferenzen abgehalten werden. Gerade die Nutzung des Audiokanals bietet sich beim gemeinsamen Onlinespiel an. Zusätzlich können eigene Kanäle und Server eingerichtet werden, in denen man sich mit der eigenen Community austauscht. Auch die mögliche Verbindung zu anderen Plattformen wie »Twitch«, »Mixer«, »Steam« oder »Spotify« und die benutzerfreundliche Gestaltung machen den Messenger so beliebt.[21] Während der Corona-Pandemie wurde Discord auch im Bildungskontext zum Austausch von Lerninhalten genutzt, Kinder und Jugendliche gründeten Lern- und Studienchannels.

Aus datenschutzrechtlicher Sicht ist Discord allerdings nicht unbedenklich. Es gibt keine Ende-zu-Ende-Verschlüsselung. Discord räumt sich in den Nutzungsbedingungen ein, Inhalte aus Nachrichten mitzuverfolgen und auch abzuspeichern. Darüber sollte man unbedingt

Bescheid wissen, wenn man den Messenger nutzt. Es lohnt sich, einen Blick in die Einstellungen zu werfen. Hier können bestimmte Arten der Datenverarbeitung deaktiviert werden.

Discord selbst gibt an, sich an Nutzer ab dreizehn Jahren zu richten, dies funktioniert ähnlich wie bei WhatsApp. Da Kinder unter sechzehn gar nicht wirksam in die Verarbeitung ihrer Daten einwilligen dürfen, können jüngere Kinder Discord nur mit Einwilligung der Eltern nutzen. Wirklich überprüft wird dies seitens der Plattform allerdings nicht.

Letztlich sind bei Discord also die gleichen Vorsichtsmaßnahmen zu beachten wie bei anderen Messengerdiensten. Wegen der fehlenden Ende-zu-Ende-Verschlüsselung ist hier bei der Entscheidung, welche Informationen über Discord geteilt werden sollen, besondere Vorsicht geboten.

Der eigene Kanal

Kinder, die gerne anderen auf Youtube beim Spielen zuschauen, haben unter Umständen den Wunsch, einen eigenen Youtube-Kanal zu eröffnen und ihre Spielzeiten dort zu veröffentlichen. Dies will gut überlegt sein. Auch wenn das Kind dort nicht unter seinem echten Namen auftritt und nicht als Person zu sehen ist, kann es schwierig sein, mit der Internetöffentlichkeit umzugehen. Die Gefahr besteht, dass verletzende Kommentare online gestellt werden, mit denen das Kind nur schwer umgehen kann. Hier will gut überlegt sein, ob man seinem Kind das zumuten möchte.

Neben häufig auf Youtube veröffentlichen »Let's play«-Clips gibt es die Möglichkeit, die eigenen Spielzeiten online live zu streamen. Die beliebteste Plattform ist hier sicherlich »Twitch«. Um sich beim Spielen live zu filmen, ist dort – ebenso wie bei Youtube – eine Registrierung erforderlich. Gamer, die dort live gehen, haben zudem die Möglichkeit, Werbung zu schalten oder können Geldspenden erhalten, sodass die Plattform durchaus kommerziell genutzt werden kann. Auch Echtzeit-Kommunikation ist während des Spiels möglich. Twitch ist ab einem Alter von achtzehn Jahren freigegeben, weil sich dort auch Streams von Spielen mit Angst einflößenden, gewalttätigen und sexualisierten Inhalten finden. Zudem gibt es auch bei Twitch – wie immer, wenn eine Chatfunktion vorhanden ist – das Risiko der Kontaktaufnahme durch Fremde. Die Nutzung von Twitch ist für jüngere Kinder daher überhaupt nicht und für Jugendliche nur unter elterlicher Begleitung zu empfehlen.

Von der CD zur Downloadplattform

Spiele werden mittlerweile nicht mehr so häufig als CD-ROM verkauft. Je nach Endgerät werden sie als App oder von einer Downloadplattform heruntergeladen. Dabei ist wichtig, die Endgeräte der Kinder sicher einzustellen. Auf medien-kindersicher.de finden sich detaillierte Videoanleitungen für verschiedene Endgeräte.

Auch bei der Nutzung von Downloadplattformen sollten Kinder begleitet werden, da sich dort diverse Spiele und Inhalte befinden, die nicht für jedes Alter geeignet sind. Ebenso ist auch hier möglich, dass Fremde mit Ihren Kindern in Kontakt treten, um sich über die Spiele auszutauschen. Achten Sie darauf, die Einstellungen kindersicher zu machen. Bei »Steam« lässt sich zum Beispiel über die Familienansicht und die Einrichtung einer PIN steuern, auf welche Inhalte das Kind zugreifen kann. Der Spieleratgeber NRW hat hierzu ebenfalls Tutorials online, die dabei helfen, Downloadplattformen (einigermaßen) kindersicher einzustellen.

Gefährden Computerspiele kindliche Kreativität?

Auch für Computerspiele gilt, was wir in Teil I hinsichtlich der vielen kreativen Möglichkeiten und zur Ausbildung neuer Zukunftskompetenzen gesagt haben. Studien zeigen, dass Computerspiele durchaus Fähigkeiten – wie zum Beispiel logisches und strategisches Denken sowie die Frustrationstoleranz – trainieren und fördern können. Die Neurowissenschaftlerin Daphne Bavelier hat in ihren Forschungen sogar herausgefunden, dass Computerspiele positive Auswirkungen auf die Seh- und Konzentrationsfähigkeit haben können.[22] In vielen Bereichen der Konzentration, Kreativität, Entscheidungsfähigkeit und Wahrnehmung schneiden Gamer häufig sogar besser ab als Nicht-Computerspieler.

Das soll nicht bedeuten, dass Kinder und Jugendliche den ganzen Tag Computer spielen sollen. Die positiven Effekte beziehen sich immer auf einen maßvollen Umgang mit Digitalität. Die Forschungsergebnisse zeigen jedoch auch: Die Annahme, dass Computerspiele automatisch zur Verdummung führen, ist faktisch nicht belegt.

Machen Computerspiele süchtig?

Die elterliche Sorge, dass ihre Kinder süchtig nach Substanzen oder anderem werden können, ist nicht neu. Relativ neu ist aber, dass die Weltgesundheitsorganisation 2018 die sogenannte »Gaming Disorder« anerkennt, die als stoffungebundene abhängige Verhaltensform bezeichnet wird.[23] Laut WHO gibt es also problematisches Computerspielverhalten, das in den Bereich der Süchte eingeordnet wird und somit behandlungsbedürftig ist.

Interessant ist, dass nur die Sucht nach Computerspielen in den Katalog der Internationalen Klassifikation der Krankheiten (ICD-11) aufgenommen wurde, nicht aber eine Internet-, Medien- oder Onlinesucht. Das bedeutet nicht, dass es diese nicht gibt – auch die WHO spricht seit einem ersten Treffen zu dieser Thematik in Tokio von einer problematischen Internetnutzung im Allgemeinen (»Excessive Use of the Internet«).[24]

Die Klassifizierung als »Gaming Disorder« ist nicht ganz unumstritten. Ein Teil der Forschung sieht darin die gefährliche Pathologisierung eines recht normalen Mediennutzungsverhaltens und wertet die Einordnung als Ausdruck eines gesamtgesellschaftlichen Phänomens, nämlich der Angst vor Digitalität.[25] Unstrittig ist jedoch, dass es das Phänomen Computerspiel-Sucht grundsätzlich gibt. Nicht zuletzt dank der Einordnung der WHO stehen hierfür nun auch therapeutische Hilfen zur Verfügung.

Was bedeutet das für Eltern, deren Kinder gerne Computerspiele spielen oder das Internet sehr häufig und über Stunden hinweg nutzen? Auch wenn die WHO »nur« das Computerspielen in den offiziellen Katalog aufgenommen hat, empfehlen wir, das Mediennutzungsverhalten und dessen Auswirkungen auf den Schulerfolg, Sozialkontakte und Freizeitgestaltung im Allgemeinen im Blick zu behalten. Ein Anhaltspunkt für die Entscheidung, ab wann Onlineverhalten als problematisch und damit als Sucht gilt, bieten standardisierte Diagnosekriterien.

Der Fachverband Medienabhängigkeit fasst diese Kriterien folgendermaßen zusammen:

A) Zeitkriterium: Persistenz der Symptomatik
Die Symptomatik der Computerspielabhängigkeit muss über einen Zeitraum von mindestens drei Monaten kontinuierlich bestanden haben.

B) Psychopathologische Kriterien der Symptomatik

B1) Primäre Kriterien: Abhängigkeitsverhalten

1. Einengung des Denkens und Verhaltens
2. Kontrollverlust

3. Toleranzentwicklung (Gewöhnung, Bedürfnis nach längeren Spielzeiten)
4. Entzugserscheinungen (Reizbarkeit, Traurigkeit, wenn das Spielen wegfällt)
5. Dysfunktionale Regulation von Affekt oder Antrieb
6. Vermeidung realer Kontakte zugunsten virtueller Beziehungen
7. Fortsetzung des Spielens trotz bestehender oder drohender negativer Konsequenzen

B2) Sekundäre Kriterien: negative Auswirkungen

1. Körperliche Konsequenzen im Bereich Körperpflege, Ernährung und Gesundheit
2. Soziale Konsequenzen im Bereich Familie, Partnerschaft und Freizeit
3. Leistungsbezogene Konsequenzen im Bereich Schule, Ausbildung, Arbeit und Haushalt

C) Ausschlusskriterium
Das pathologische Computerspielverhalten lässt sich nicht durch eine Manie oder Zwangserkrankung erklären.
In jedem Fall müssen die Zeit- und Ausschlusskriterien (A und C) erfüllt sein. Bei den anderen Symptomen (B1 und B2) wird erwartet, dass mindestens vier primäre Abhängigkeitskriterien (B1) und mindestens ein sekundäres Abhängigkeitskriterium (B2) erfüllt sein müssen, um die Diagnose einer Computerspielabhängigkeit stellen zu können.[26]

Wir können festhalten, dass schon einige Faktoren zusammenkommen müssen, bevor wir wirklich von einer Computer- oder Internetsucht sprechen können. Keinesfalls ist die Nutzungszeit allein entscheidend. Solange Ihr Kind also noch gerne Zeit mit Freunden, beim Sport und an der frischen Luft verbringt, muss die Sorge wahrscheinlich nicht allzu groß sein.

Hinzu kommt, dass längst nicht alle Kinder einen Hang zu Suchtverhalten aufweisen. Ebenso wenig wie alle, die Ego-Shooter spielen, Amokläufer werden, werden alle Kinder, die viel Computer spielen, süchtig. **Kinder, die emotional gut und sicher gebunden sind, Selbstwirksamkeit und Erfolge erfahren, sind deutlich weniger gefährdet, überhaupt eine Sucht zu entwickeln als Kinder, die etwa traumatische Erfahrungen gemacht haben und schlecht gebunden sind.** Vieles liegt auch in der eigenen Biografie und Persönlichkeitsstruktur begründet.

Sollten Sie dennoch unsicher sein, ob das Spiel- oder Medienverhalten Ihrer Kinder noch »normal« oder schon problematisch ist, spricht überhaupt nichts dagegen, Hilfe oder Beratung in Anspruch zu nehmen. Um eine erste Idee davon zu bekommen, ob Handlungsbedarf besteht, gibt es bei »Klicksafe« eine Checkliste, mit der Sie das Onlineverhalten Ihres Kindes überprüfen und hinterfragen können. Der Fachverband Medienabhängigkeit e. V. bietet auf seiner Homepage eine Übersicht vieler Beratungsstellen, an die Sie sich wenden können. Und falls Sie sich bereits eingelesen haben und dennoch unwohl fühlen mit den digitalen Spiele- oder Onlinezeiten Ihres Kindes, sprechen Sie Ihre Krankenkasse oder den Kinderarzt an.

Die Sache mit der Spielbindung

Beim Verlangen, ein Spiel sehr oft spielen zu wollen, handelt es sich in seltenen Fällen um ein Suchtverhalten. Dennoch sollten Eltern sich bewusst sein, dass Computerspielanbietern durchaus daran gelegen ist, dass User möglichst viel Zeit mit und in ihrem Spiel verbringen. Spiele beinhalten deshalb einige Mechanismen, die nicht ganz unproblematisch sind, weil mit ihnen eine hohe Spielbindung aufgebaut werden soll.

Verschiedene Spiele bauen auf dem Endlos-Prinzip auf oder bieten zu bestimmten Zeiten Onlineevents. Manchmal können auch keine Zwischenstände gespeichert werden. Dies erzeugt Druck, möglichst lang beziehungsweise zu ganz bestimmten Zeiten online sein zu müssen, um das Spiel immer weiter zu erkunden, oder aus Angst, etwas zu verpassen. Wir berichten im Kapitel *Netzphänomene* über »Fear of Missing Out« – also die Angst, etwas zu verpassen. Sie kann zu problematischem Onlineverhalten führen.

Bei einigen Spielen müssen Käufe getätigt werden, um den Spielfortschritt sicherzustellen. Manchmal ist auch nur der Anreiz sehr groß, wenn alle anderen Gamer bestimmte »Skins« oder Waffen haben. Dann entsteht Gruppendruck, der den Wunsch erzeugt, auch diese Dinge zu kaufen. So können Spiele, die zunächst einmal gratis heruntergeladen werden, schnell zur Kostenfalle werden.

Bei jüngeren Kindern lohnt es sich generell, ein paar Euro in die Hand zu nehmen und ein Spiel zu kaufen. Kostenpflichtige Spiele sind häufig werbefrei, haben keine In-App-Käufe und sind meist auch inhaltlich etwas wertvoller. Eine gute Orientierung bietet der »Spieleratgeber NRW«.

Bei älteren Kindern, die sich im Computerspiel etwas kaufen möchten, spricht aus unserer Sicht grundsätzlich nichts dagegen. Kinder geben ihr Taschengeld häufiger für Dinge aus, die wir Eltern nicht unbedingt nachvollziehen können. Das darf unserer Meinung nach auch mal eine »Fortnite-Skin« sein. Wichtig ist, dass sich diese Ausgaben im Taschengeld-Rahmen halten und von Ihnen autorisiert werden. Achten Sie darauf,

- In-App-Käufe in den Einstellungen des Handys/Tablets zu deaktivieren beziehungsweise mit einem Passwort zu versehen,
- eine Drittanbieter-Sperre im Handy einzurichten und
- keine Zahlungsmethode zu hinterlegen, auf die Ihr Kind einfach zugreifen kann.

Ein schwieriges Thema sind in diesem Zusammenhang die sogenannten »Lootboxen«. Hierbei handelt es sich um Beutekisten beziehungsweise Zufallspakete, die im Spiel erspielt oder gekauft werden können. Der Inhalt der Boxen bleibt bis zum Schluss unklar. Durch Lootboxen werden Kinder und Jugendliche an Glücksspielmechanismen herangeführt. Glücksspiel ist für Jugendliche unter achtzehn Jahren untersagt, weshalb Lootboxen in Belgien und den Niederlanden bereits verboten sind.

In Deutschland wurde Ende März 2021 eine Reform des Jugendschutzgesetzes verabschiedet, um Kinder und Jugendliche unter anderem auch vor Glücksspielelementen in Computerspielen zu schützen. Dies soll sich in erster Linie auf die Altersempfehlungen von Spielen, die USK (Unterhaltungssoftware Selbstkontrolle), auswirken. Ob das wirklich der Fall sein wird, gilt es zu beobachten. Ein Verbot von Lootboxen gibt es in Deutschland bisher nicht.

Klären Sie Ihr Kind also unbedingt über die Funktionsmechanismen von Lootboxen auf und lassen Sie es Spiele spielen, die ohne sie auskommen. Da aber selbst beliebte Spiele wie FIFA mit »Packs« arbeiten,[27] die nach dem Lootbox-Prinzip strukturiert sind, könnte das schwierig werden. Suchen Sie dann unbedingt das offene Gespräch mit Ihrem Kind.

Sind Computerspiele Jungssache?

In unserer Arbeit in der Schule und mit Eltern zeigt sich häufig, dass das Thema Gamen bei Jungen eine deutlich ausgeprägtere Rolle spielt als bei Mädchen. Studien bestätigen das.[28] Aber woran liegt das? Darüber haben wir mit Dirk Fiebelkorn (42) gesprochen. Dirk ist zweifacher Vater und Jungen:pädagoge aus Leidenschaft. Ja, Sie lesen richtig, ein Jungen:pädagoge, kein Jugendpädagoge. Als Coach unterstützt er pädagogisches Personal in Kita und Schule, hilft aber auch interessierten Eltern. In seinem Podcast *Praktisch Pädagogisch* und bei Instagram gibt er unter @derjungenpaedagoge Impulse aus seiner Arbeit.

Du bist Experte für Jungen. In vielen Studien zeigt sich, dass Jungen eine höhere Affinität zu Computerspielen haben. Woran liegt das?

Dirk Fiebelkorn: Darüber kann man viel mutmaßen. Es gibt aber bestimmte Phänomene, Dynamiken und Interessen, die ich oft bei Jungen erkenne, wenn ich mit ihnen Onlinegames oder Brettspiele spiele. Viele dieser Jungen interessiert zum Beispiel das »Aufleveln«. Dabei spielen sie einen Charakter, ein Volk oder Ähnliches und werden im Verlauf des Spiels immer besser. Mit jedem Levelanstieg erhöhen sich ihre Punkte, sie bekommen Fähigkeiten oder mehr Möglichkeiten im Spiel. Damit steigen auch ihre Selbstwirksamkeit und die Power ihrer Figur. Damit verbunden ist ein weiteres Phänomen: der Status. Die Jungs zeigen gerne ihren Spielkameraden, »wer sie sind«. Typische Statuserhöhungen heute sind Tänze, die die Figur ausführen kann, »Skins« (das Aussehen des Charakters) oder bestimmte Gegenstände und Ausrüstung. Dabei geht es einerseits um das Aussehen ihrer Spielfigur, andererseits darum, wie selten ein Tanz oder Skin zu bekommen ist. Viele spielen dann mit einem Skin, den man nicht mehr bekommt, um zu zeigen, wie besonders man ist, auch wenn dieser Skin ihnen optisch gar nicht gefällt.

Weitere Dinge, die Jungs, mit denen ich gearbeitet habe, interessieren, sind das Sammeln von zum Beispiel Gegenständen und das Entdecken. Das Besondere für meine Arbeit ist, dass ich alle diese Punkte gut nachvollziehen kann und sie mich auch selbst triggern. Mir macht vieles von dem, was die Jungs da spielen, selbst großen Spaß.

Digitale Spiele oder Computerspiele haben kein gutes Image. Über die Chancen, die sie bieten, wird viel zu wenig diskutiert. Wo siehst du welche?

Ich glaube, dass digitale Spiele in Deutschland das Problem haben, dass man in ihnen eine große Sinnhaftigkeit sucht. Diese Games sollen einen pädagogischen Mehrwert haben oder den Kindern etwas beibringen. Dabei ist doch der Hauptgrund der Spaß, den man beim Spielen mit ihnen hat. Sinnhaftigkeit suchen wir oft in Zielen wie »Was lerne ich konkret daraus?« oder »Könnte ich in der gleichen Zeit etwas Sinnvolleres machen?«. Dabei geht es nicht immer um Ziele, sondern auch um Prozesse. Wir wollen erleben. Und Gaming bietet definitiv eine Art von Erleben.
Natürlich dürfen wir die Risiken nicht außer Acht lassen. Genauso wie man auf einen Baum klettern, runterfallen und sich verletzen kann oder Süßigkeiten süchtig machen können, müssen wir auf uns beim Gaming achtgeben. Ich sehe die Lösung hier aber nicht in einem Verbot oder in Ablehnung des Gamings, sondern in der Begleitung. Wenn mein Kind sich mit digitalen Games beschäftigt, dann tue ich das auch. So, wie ich ihm das Fahrradfahren, das Sprechen, das Fernsehen gucken oder das Essen beigebracht habe. Das, so finde ich, ist mein Job als Vater, Mutter oder pädagogische Kraft. Das Ganze muss mich nicht interessieren. Aber mein Kind muss mich so sehr interessieren, dass ich mir das mal angucke und ausprobiere. Ganz im Sinne der Beziehungsarbeit. Und wer weiß? Am Ende macht es mir vielleicht sogar Spaß.

Warum ist es deiner Ansicht nach wichtig, manche Aspekte aus einer speziellen jungen:pädagogischen Sicht zu betrachten?

Die Jungen:pädagogik ist Teil der Genderpädagogik und hat damit das Ziel, jedes Kind einzeln zu sehen. Ganz unabhängig davon, wie das Kind ist, schreiben wir einem Jungen oder Mädchen gewisse Dinge zu und verhalten uns ihnen anders gegenüber. Wenn wir einem Kind dann bestimmte Eigenschaften, wie Durchsetzungsvermögen, Streitlust, Anpassungsfähigkeit oder Aggressionen aufgrund seines Geschlechtes zuweisen, ist das höchst ungesund für das Kind. Meine von mir persönlich gelebte Jungen:pädagogik hat einen hohen Fokus auf die Praxis. Außerdem ist für mich die Beziehungsarbeit der Schlüssel zur Arbeit mit den Jungen und deren Eltern und Pädagog:innen. Meine Leitsprüche hierbei sind: »Ich sehe dich« und »Ich bleibe«, im Sinne von »Ich lasse dich mit deinen Gefühlen nicht allein«.

Machen Ego-Shooter Kinder gewaltbereiter?

Der wohl heftigste Vorwurf, der Computerspielen gemacht wird: Ego-Shooter machen Kinder gewaltbereiter. Laut zahlreichen Studien kann der Vorwurf in dieser Eindeutigkeit jedoch nicht nachgewiesen werden. Richtig ist, dass die Jugendlichen, die zu Amokläufern wurden, häufig auch Ego-Shooter-Spiele gespielt haben. Fest steht jedoch: Ebenso wie nicht alle, die gerne und viel Computerspiele spielen, gleich süchtig sind, sind nicht alle, die Ego-Shooter spielen, Amokläufer. Hier einen linearen Kausalzusammenhang anzunehmen, wäre zu einfach. Es gehört eine Menge mehr dazu, jemanden zum Amokläufer zu machen, als einfach nur ein Ego-Shooter-Spiel zu spielen.

Durchaus problematisch diskutiert wird, dass Gewaltdarstellungen in Computerspielen die Hemmschwelle für die Ausübung von Gewalt im echten Leben senken können. Dies ist nicht ganz von der Hand zu weisen, ebenso wenig wie die Tatsache, dass sehr realistische Gewaltgrafiken verstörend wirken können. Eltern sollten unbedingt die Auswahl der Computerspiele bei ihren Kindern begleiten. Ein erster Anhaltspunkt ist die Einschätzung der USK. Diese Einschätzung ist allerdings eine rein rechtliche und keine pädagogische. Als alleiniger Richtwert reicht sie keinesfalls aus! Es empfiehlt sich, dass Sie sich darüber hinaus über das Spiel informieren. Das geht, indem man »Let's play«-Clips auf Youtube schaut, beim »Spieleratgeber NRW« liest, mit befreundeten Eltern spricht, Google befragt und Bewertungen oder Rezensionen liest.

Und jetzt? Begleiten statt verbieten!

Viele Bedenken, die Eltern haben, deren Kinder sehr gerne zocken, lassen sich zumindest deutlich relativieren. Wo wir dennoch hinschauen und auch Sicherungsmechanismen einbauen sollten, haben wir erläutert. Wir glauben, dass dies Druck aus Ihrem familiären Alltag nimmt und Sie so – gemeinsam als Familie und auf Augenhöhe – einen entspannten Umgang in einem sicheren Rahmen mit diesem Thema finden können. **Wahrscheinlich werden Grenzen von Zeit zu Zeit neu besprochen und gesetzt werden müssen, auch digitale Bedürfnisse verändern sich mit zunehmendem Alter. Bleiben Sie mit Ihrem Kind im Gespräch, interessieren Sie sich für das, was es dort macht.** Begleiten statt verbieten ist ein dynamischer Prozess.

Netzphänomene: Risiken im Internet

Kindern fehlt häufig das Bewusstsein für Gefahren im Internet. Das mag an fehlender Aufklärung liegen oder daran, dass in den ersten Lebensjahren mehr positive als negative Erfahrungen an den digitalen Geräten stattfinden. Doch je autarker sich Kinder im Netz bewegen, je älter sie werden und je mehr sie im Digitalen spielen, posten und kommunizieren, desto mehr Stolpersteine können sich in den Weg legen. In den nachfolgenden Kapiteln erklären wir Ihnen, welche Risiken für Kinder bestehen und wie Sie sowohl vorbeugend als auch im akuten Notfall agieren können.

Cybermobbing

Cybermobbing gehört wohl zu den bekanntesten Netzphänomenen. Alle Eltern werden sich darunter etwas vorstellen können. Mobbing gab es schon vor Social Media und Internet. Dennoch bleiben beim Cybermobbing viele Fragen offen. Was kann ich tun, wenn mein Kind betroffen ist? Kann ich überhaupt etwas tun? Ist Cybermobbing strafbar? Und wann ist Cybermobbing eigentlich Mobbing?

Unter Cybermobbing versteht man Formen von Verleumdungen, Beschimpfungen und Belästigungen, Bedrohungen oder Beleidigungen mithilfe digitaler Kommunikationsmittel über einen längeren Zeitraum im Netz. Streitereien unter Kindern und Jugendlichen, die mal kommen, mal gehen, gehören also explizit nicht dazu. Cybermobbing ist also nicht »mal ein blöder Kommentar unter einem Foto oder Video«, sondern gezieltes, längerfristiges Niedermachen einer Person. In manchen Fällen kommt es dadurch auch zu strafbaren Handlungen. Zum Beispiel, wenn Fotos oder Videos des betroffenen Kindes ohne dessen Einverständnis im Netz hochgeladen werden oder beleidigende Angriffe stattfinden.

Für betroffene Kinder bedeutet Cybermobbing eine Bedrohung rund um die Uhr. Vielleicht kennen Sie das Thema Mobbing auch aus Ihrer eigenen Schulzeit. In unserer Generation blieb das Mobbing noch an einem Ort – in der Schule oder zum Beispiel im Sportverein. Es gab also genügend andere Situationen, in denen kein Mobbing stattfand und sich Betroffene erholen konnten. Beim Cybermobbing ist die Lage komplett anders. Da sich alles digital abspielt, haben betroffene Kinder und Jugendliche nicht nur die Sorge, die ganze Klasse könne davon erfahren, sondern im Zweifel die ganze Stufe, die ganze Schule, die ganze Welt. Cybermobbing gehört daher zu den sehr belastenden Gefahren für Kinder im Netz, weil es keine Pausen gibt.

Das Bündnis gegen Cybermobbing hat gemeinsam mit der Techniker Krankenkasse[29] 2020 eine Studie zum Thema durchgeführt. Hier gaben 17,3 Prozent aller befragten Schülerinnen und Schüler an, schon einmal von Cybermobbing betroffen gewesen zu sein. In absoluten Zahlen sind das etwa zwei Millionen Kinder, jedes sechste Kind an einer Schule in Deutschland.

Nun ist das Thema nicht neu, viele Schulen bieten Präventionsprogramme an oder lassen professionelle Unterstützung etwa von der Polizei in die Schule kommen. Hilfreich sind auch die »digitalen Helden«, die nicht nur Lehrkräfte, sondern auch Kinder und Jugendliche aus den Klassen ausbilden. Dadurch kann Hilfe innerhalb der Schulfamilie organisiert werden, weil die Älteren ihr Wissen an die Jüngeren weitergeben. Wir sind fest davon überzeugt, dass die Schule hier eine große Rolle spielt. Denn ganz gleich, ob Kinder zu Hause Medienerziehung erfahren oder nicht – in der Schule werden alle erreicht. Regen Sie beim Elternabend eine Präventionsaktion an oder erfragen Sie, wie die Schule Ihres Kindes das Thema angeht. Unterstützen Sie gegebenenfalls bei der Suche nach einer fachkundigen Person.

Wie kommt es zu Cybermobbing?

Cybermobbing kennt keine festgelegten Abläufe und Mechanismen. Allerdings entstehen die Probleme häufig auf dem Schulhof – auch ein Grund, warum wir die Prävention im schulischen Umfeld sehen. Was beim Cybermobbing jedoch immer stattfindet, ist, dass mehr Kinder als nur Täter und Opfer involviert sind. Wird die Person, die hinter dem Mobbing steckt, von anderen nicht gestoppt, erhält sie dafür womöglich auch noch Anerkennung, Likes, Lacher oder stillen Applaus, dann ermutigt sie das, auf dem richtigen Weg zu sein. Wer sich also nicht für das Opfer einsetzt, vom Mobbing weiß und nichts unternimmt, sich raushält aus Angst, selbst Opfer zu werden, trägt seinen Teil zum Mobbing bei. Und dann kann aus Mobbing Cybermobbing werden, weil sich die Sache ins Netz verlagert. Hier sind direkte Angriffe via WhatsApp möglich oder aber der Ausschluss von einer WhatsApp-Gruppe, wenn sich zum Beispiel die Gruppe »Klasse 5a ohne Nina« bildet. Nutzen Kinder Apps wie »Tellonym«, auf der anonyme Fragen und Antworten gepostet werden, kommt es dadurch zu konkreten Beleidigungen und Bloßstellungen. Aber auch Instagram oder Youtube können beim Mobbing eine Rolle spielen, wenn Videos des Kindes hochgeladen oder Fake-Profile erstellt werden. Nicht zu vergessen die ganzen Kommentare, die man auf jeder Social-Media-Plattform hinterlassen kann.

Nicht immer wissen die betroffenen Kinder, wer wirklich hinter dem Cybermobbing steckt. Manchmal gibt es da so eine Ahnung, eine Vermutung, weil sich gewisse Dinge schon in der Klasse oder Schule abzeichnen. Aber auch die Ungewissheit, nicht zu durchschauen, »ist es eine oder einer, sind es viele, ist es die ganze Klasse?«, ist eine massive Belastung für Kinder.

Und für Erwachsene, Eltern wie Lehrkräfte, ist es gar nicht so einfach, die Not der betroffenen Kinder zu erkennen, da natürlich auch Scham eine große Rolle in den Gefühlen der Kinder spielt und sich nicht alle Kinder sofort an einen Erwachsenen wenden.

Wir glauben daher an drei Bausteine:

1. Die Prävention an Schulen, idealerweise schon in der Grundschule. Ein einmaliges Event reicht dabei nicht. Vielmehr sind wiederkehrende Veranstaltungen nötig, zum Beispiel durch ältere Schüler, die als »digitale Helden« ausgebildet werden. Die digitalen Helden vermitteln Kindern und Jugendlichen, dass es Mut braucht, um einzuschreiten. Die gemeinnützige GmbH bildet Jugendliche zu Medienberaterinnen aus, sodass diese ihr Wissen an die übrige Schülerschaft weitergeben können: digitale-helden.de. Insbesondere für ältere Kinder und Schulklassen sind auch die Webinare von Gesa Stückmann hilfreich.
2. Der Dialog in Familien, damit Kinder wissen: Egal, was online passiert, wir unterstützen und begleiten dich auch bei digitalen Problemen.
3. Das Wissen um Hilfe und Wege, wenn ein Kind betroffen ist.

Viele Eltern haben Angst davor, dass ihr Kind einmal von Mobbing oder Cybermobbing betroffen oder darin involviert sein könnte. Das beschäftigt auch uns als Mütter. Wir versuchen über die digitale Begleitung hinaus, unseren Kindern familiär volle Sicherheit zu bieten: mit gemeinsamen Unternehmungen, aber auch Erfolgserlebnissen außerhalb der Schule. Wenn wir merken, unser Kind hat ein großes Interesse oder besonders viel Talent in einer Sache, unterstützen wir das. Auch Hobbys wie Sport-, Musik- oder Kunstvereine fördern den Selbstwert und positive Erlebnisse von Kindern. Und durch gemeinsame Aktivitäten schaffen wir natürlich auch smartphonefreie Zeiten. Die hat ein Kleinkind oder ein Grundschüler ohnehin, bei Teenagern hingegen ist das Gerät immer am Start. Gerade dann ist es wichtig, rauszugehen und etwas zu erleben.

Was kann ich tun, wenn mein Kind von Cybermobbing betroffen ist?

Betroffene Kinder brauchen sofort Hilfe. Sie als Erziehungsberechtigte können je nach vermutetem Ursprung des Cybermobbings auf die Schule oder Schulsozialarbeiter zugehen, manchmal sind auch die Schulleitungen hier gute Ansprechpartner. Sind Täter oder Täterin bekannt, kann ein erster Schritt auch sein, sich mit den Eltern zu unterhalten.

Wird ein Kind aktuell gemobbt, sollten die Vorfälle genau dokumentiert werden, zum Beispiel mit einem Mobbing-Tagebuch oder der Erste-Hilfe-App »Cyber-Mobbing« von »Klicksafe«. Bei besonders schlimmen und immer wiederkehrenden Cybermobbing-Attacken kann es sich empfehlen, juristische Hilfe hinzuzuziehen, sofern Eltern wie Schule mit anderen Mitteln keinen Erfolg haben. Zwar sollte der Dialog immer im Vordergrund stehen, in Einzelfällen kann anwaltliche Unterstützung jedoch sinnvoll sein – insbesondere, wenn die Persönlichkeitsrechte eines Kindes verletzt wurden und das Mobbing massiv anhält.

Hilfe für Kinder bei (Cyber-)Mobbing:

- Die Erste-Hilfe-App gegen Cybermobbing von Klicksafe ist kostenlos für iOS und Android erhältlich und berät Schritt für Schritt, wie sich Betroffene im Falle eines Mobbings verhalten sollten und wo konkret sie Hilfe bekommen.
- Die »Nummer gegen Kummer« ist unter der Telefonnummer 116111 für Sorgen erreichbar, online berät auch juuuport.de kostenlos für

Kinder und Jugendliche. Sieben Tage die Woche von 7 bis 22 Uhr ist auch der »WEISSE RING« erreichbar. Telefon: 116006.

- In unserem E-Book für Lehrkräfte *Schüler digital begleiten* empfehlen wir einen Notfallpass für Jugendliche. Dieser kann wie eine kleine Visitenkarte gestaltet werden und so einen festen Platz im Federmäppchen bekommen. Auf der Karte befinden sich Ansprechpartner, wie die Vertrauenslehrerin oder der Sozialarbeiter der Schule, aber auch anonyme Anlaufstellen. Ein Notfallpass sorgt dafür, dass Kinder immer präsent haben, an wen sie sich bei digitalen Nöten wenden können. Er kann in der Schule gebastelt und ausgefüllt werden, damit wirklich alle Kinder um Ansprechpartner in der Not wissen.
- Auch auf Social Media gibt es Kanäle und Accounts, die Unterstützung bieten, wie der von Yannick Haile. Er ist Mobbingfrei-Coach und macht sich bei Instagram für das stark, was er all die Jahre hätte gebrauchen können: Anti-Mobbing-Hilfe. Er gibt Webinare und teilt Videos für Jugendliche, zu finden bei Instagram unter @yannickhaile. Er selbst hat über zehn Jahre Mobbing erlebt: Als er neun Jahre alt ist, beginnen die Qualen. Jeden Morgen geht er mit Angst in die Schule. Irgendwann findet Yannick ein Hobby, bei dem er ganz er selbst sein kann. Er dreht Youtube-Videos. »Hier kann ich ich sein«, sagt Yannick. Doch eines Tages entdeckt die Klasse seine Videos. Und aus dem Mobbing wird Cybermobbing. Yannick wechselt die Schule und trifft auf eine neue Schulleitung, die ihm von Tag eins an vermittelt: Du schaffst das! Und er schafft es.

Cybergrooming

Cybergrooming bedeutet, dass Personen Kinder über Apps, soziale Netzwerke oder Onlinegames kontaktieren und versuchen, sie zu einer sexuellen Handlung zu animieren und Nacktbilder zu tauschen. Die Täter, meist männlich, treten virtuell an Kinder heran, umgarnen sie im Chat, loben oder machen Komplimente, um Vertrauen aufzubauen. Das Ziel der Cybergroomer kann auch ein reales Treffen sein. Teilweise bieten sie betroffenen Kindern auch ein Taschengeld an, um Nacktfotos oder -videos zu erhalten. Das Problem ist massiv, und es hat viel zu wenig gesellschaftliche Präsenz. Der Cyberkriminologe Dr. Thomas-Gabriel Rüdiger sagte mir im Gespräch für meinen Blog dazu: »Auf jedem Spielplatz würdest du dich umdrehen und reagieren, wenn ein 45-jähriger Mann einfach so Kinder anspricht. Aber in fast jeder Form sozialer Medien passiert genau dies.«[30] Genau das sollte uns Eltern aber interessieren.

Laut polizeilicher Kriminalstatistik verzeichnete Cybergrooming von 2019 auf 2020 einen Zuwachs von 50 Prozent.[31] Und das sind nur die Fälle, die erfasst sind, also von Eltern zur Anzeige gebracht wurden. Die Dunkelziffer wird sehr hoch sein. Kinder, die digital nicht aufgeklärt werden, sind wesentlich gefährdeter, weil es für sie ausgesprochen schwierig ist, einen manipulativen, hochsexualisierten Täter zu erkennen. Kinder können das nicht alleine. Weil sie nicht annähernd überschauen, wie mies manches im Netz sein kann.

Auch die Europäische Kommission hat zum Cybergrooming Zahlen veröffentlicht. So stiegen die in der Europäischen Union gemeldeten Fälle sexuellen Missbrauchs von Kindern im Internet von 23.000 im Jahr 2010 auf über 725.000 im Jahr 2019. Die europäische Polizeibehörde Europol.eu warnte zum Jahresende 2020, dass durch die Corona-Pandemie die Gefahr durch Cybergrooming ansteigen werde.

Umso wichtiger ist Prävention. Dafür wäre die Schule der beste Ort, denn hier werden alle Kinder gleichermaßen erreicht. Flächendeckend passiert das aber überhaupt nicht. In Nordrhein-Westfalen steht auf Initiative des Schulministeriums ein Aufklärungsvideo über Cybergrooming mit der Influencerin Christina Ann Zalamea allen Schulen zur Verfügung. Der Clip kommt von der Landesanstalt für Medien Nordrhein-Westfalen und ist frei zugänglich – somit kann er auch von Schulen in anderen Bundesländern genutzt werden. Im betreffenden Video wird zwar erklärt, dass Kinder und Jugendliche Strafanzeige erstatten sollten, das »Wie« ist aber häufig noch ein Stolperstein, den einige – auch Eltern – nicht kennen. Nähere Informationen dazu finden Sie weiter unten in diesem Kapitel. Auch ersetzt das einmalige Zeigen eines Warnvideos natürlich keine wiederkehrende Unterrichtseinheit.

Wo findet Cybergrooming statt?

Cybergrooming kann alle Kinder und Jugendlichen betreffen, die Apps und Spiele mit Chatfunktion nutzen. Cybergrooming ist also explizit nicht nur ein Phänomen, das in sozialen Netzwerken vorkommt. Auch Onlinegamer müssen sich mit diesem Problemfeld auseinandersetzen. Denn in Spielen wie Fortnite, Roblox, Minecraft, Movie Star Planet, Brawl Stars und vielen anderen ist es möglich, anonym mit Mitspielern zu chatten.

Cybergrooming kann zwar jedes Kind treffen, dennoch wäre es unseriös zu sagen, dass es jedes Kind treffen wird. Gefährdet hingegen können Kinder sein, wenn sie bereits lesen und schreiben können, weil sie dadurch auch Chats nutzen können. Nicht überall lässt sich die Chatfunktion deaktivieren, da viele Spiele auf das Miteinander aufgebaut sind. Das birgt natürlich auch Diskussionen mit Kindern, weil diese sich der Gefahren nicht immer bewusst sind. Die EU-Kids-Onlinestudie[32] in der Schweiz erfasste 2019 die Internetnutzung von Kindern. Darin gaben bereits unter den Elf- bis Zwölfjährigen 30 Prozent der Befragten an, das Internet zu nutzen, um neue Freunde zu finden. Irgendwie ein logischer Prozess, denn wir wünschen uns ja weltoffene und kommunikative Kinder. Andererseits kann genau das ein Einfallstor für diejenigen sein, die es nicht gut mit unseren Kindern meinen. Sehr wichtig ist, Kindern und Jugendlichen zu erklären, dass ein fremder Kontakt immer auch für Risiken stehen kann. Ganz gleich, ob wir uns in einer Social-Media-App oder einem Onlinespiel bewegen.

Wer sind die Täter und wie gehen sie vor?

Cybergroomer sind nicht auf eine bestimmte Altersgruppe festzulegen – beim Geschlecht finden sich jedoch 95 Prozent männliche Täter. Auch meint man immer, Cybergroomer seien ausschließlich pädosexuelle, ältere Männer. Aus den Statistiken geht jedoch hervor, dass einige Täter jünger als dreißig Jahre sind, teilweise befinden sich Minderjährige darunter.

Auch, wenn minderjährige Kinder die Tat begehen, ist das für Opfer traumatisierend – insbesondere, wenn dabei Video- oder Fotomaterial entsteht. Sind die Bilder oder Clips einmal im Netz, können sie Kinder ein Leben lang begleiten.

Wichtig ist nicht nur, das eigene Kind zu schützen, sondern auch zu sensibilisieren. Kinder und Jugendliche müssen wissen: Cybergrooming ist eine Straftat. Täter zu durchschauen ist für Kinder und Jugendliche aber häufig kaum möglich. Denn zu Beginn geht es den Tätern lediglich um eine lockere Kontaktaufnahme. Man chattet, man schreibt sich, man hat eine gute Zeit zusammen. Diese Anbahnung kann wenige Stunden oder Tage dauern, aber auch über Monate gehen. Es gibt Cybergroomer, die eine Menge Kinder auf einmal anschreiben und dann abwarten, wer sich zurückmeldet. Es gibt aber auch solche, die sich explizit für ein Kind entscheiden und sich durchaus Zeit nehmen, um ein Vertrauensverhältnis aufzubauen. Wenn Kinder über mehrere Tage, Wochen oder Monate immer mit dem Täter kommunizieren in der Annahme, dieser sei ein gleichaltriges Kind, fühlt sich die Person irgendwann nicht mehr fremd an, sondern tatsächlich wie ein Freund. Und eine Onlinefreundschaft und damit Vertrauen aufzubauen, gelingt besonders beim gemeinsamen Spiel recht gut, weil zusammen Zocken einfach verbindet. Am Ende geht es aber immer darum, pornografisches Material einzufordern oder zu erpressen – und später persönliche, reale Treffen. Hält sich ein Kind nicht an die »Abmachung«, drohen die Täter, alle bisherigen Bilder und Videos zu veröffentlichen und die Eltern zu informieren.

Die Kontaktaufnahmen starten meistens in Chats von Netzwerken oder Onlinespielen und verlagern sich dann in soziale Netzwerke, um dort Bilder und Videos zu tauschen, denn Spiele-Apps erlauben das meist nicht. Daher nutzen Täter zwar Spiele-Apps, um Kinder zu finden und Vertrauen aufzubauen, lenken sie aber dann auf andere Plattformen, zum Beispiel WhatsApp, Snapchat oder Instagram.

Die Mechanismen bei Cybergrooming folgen häufig ähnlichen Abläufen:

1. Kontaktaufnahme
2. Gemeinsamer Chat, um das Vertrauen des Kindes zu erlangen
3. Plattformwechsel
4. Frage nach Bildertausch
5. Teilweise die »Bitte« der Groomer, die Telefonnummer zu schicken, damit man über WhatsApp »in Kontakt bleiben« kann
6. Kontakt halten und Bilder und Videos einfordern oder erpressen
7. Sobald das Kind erste Bilder oder Videos schickt, wird der Ton rauer und die Belästigung massiver
8. Der Vorschlag für persönliche Treffen und Umsetzung dieser

Auch wenn die Mechanismen zur Kontaktaufnahme und die Vertrauensphase häufig ähnlich ablaufen, sind auch andere Abfolgen möglich. Manche Täter setzen mehr auf das persönliche Gespräch im Chat und geben sich als empathische Versteher aus. Andere nutzen die Flirt-, wieder andere die Spiel-Ebene. Auch kommt es vor, dass Täter Kindern Geld anbieten und so kinderpornografisches Material erzwingen.

Kindern kann man mit an die Hand geben: Höre auf dein Bauchgefühl. Wenn du spürst, dass ein Kontakt komisch wird und du dich unwohl fühlst, beende den Chat und brich den Kontakt ab. Und wenn jemand auffallend viele Fragen stellt, die über ein einfaches »Wie geht's?« hinausgehen, sei vorsichtig. Cybergroomer stellen häufig viele Fragen, etwa nach Alter, Wohnort und Schule, ob die Eltern gerade zu Hause sind, ob es Geschwisterkinder gibt, welche Hobbys die Kinder haben, was sie gerade tragen und so weiter. Dabei tarnen sie sich, weil das im Netz so wunderbar geht. Mögliche Tarnungen sind zum Beispiel:

- als Model- oder Youtube Agent: »Hey, bin auf der Suche nach coolen Leuten für ein Shooting« oder »Hey, ich bin auf der Suche nach neuen Youtube-Stars und ich glaube, du wärst genau richtig dafür!«
- als Fußballcoach mit angeblichem Verein im Hintergrund: »Hey, wir suchen Nachwuchsfußballer und neue Talente, die Nationalspieler werden können!«
- als Gleichaltrige, wie zum Beispiel auf der Flirt-Ebene: »Bin vierzehn, du auch?«
- als etwas Ältere, denn auch das hat seine Faszination für jüngere Kinder: »Bin schon zwanzig, schlimm??«
- als zunächst nette und zuverlässige Mitspieler in einer Spiele-App

Wie zeige ich Cybergrooming an?

Cybergrooming ist in Deutschland als besondere Begehungsform des sexuellen Missbrauchs verboten, das regeln § 176a Abs. 1 Nr. 3 und § 176b Abs. 1 Strafgesetzbuch. Seit Januar 2021 ist auch bereits der Versuch strafbar, Kinder mit sexuellen Absichten im Internet zu kontaktieren. Auch in Österreich ist Cybergrooming strafbar gemäß § 208a Anbahnung von Sexualkontakten zu Unmündigen (Strafgesetzbuch). Die Schweiz plant für 2022 die Revision des Sexualstrafrechts[33] im Parlament, da dürfte es gegebenenfalls zu einer Änderung hinsichtlich der Strafbarkeit von Cybergrooming kommen.

Wichtig ist: Das Dunkelfeld wird beim Cybergrooming natürlich als hoch eingestuft, denn die wenigsten bringen Cybergrooming zur Anzeige. Kinder, die Schule, aber auch Eltern sollten betreffende Fälle unbedingt bei der Polizei oder auch über die Onlinewachen der Bundesländer zur Anzeige bringen. Eine Übersicht der Onlinewachen finden Sie zum Beispiel auf der Website des Bundeskriminalamts BKA.de. Anzeige zu erstatten, wird nicht nur Ihr Kind künftig vor diesem Täter schützen, sondern viele andere Kinder auch.

Wenn Ihr Kind von Cybergrooming betroffen ist, gehen Sie zur Polizei. Cybergroomer sind nicht zwingend auf ein einziges Kind festgelegt, möglicherweise haben sie mehrere Opfer. Ein paar wichtige Informationen benötigt die Polizei, um Ihre Anzeige bearbeiten zu können. Dazu gehören:

- Screenshots: also jegliche Konversation zwischen dem Täter und Ihrem Kind in den Apps oder Spielen, in denen kommuniziert wurde. Achten Sie darauf, dass in den Screenshots ein Datum sichtbar ist oder die Datei-Info des Fotos ein Datum hinterlegt hat.
- Zeitangaben: Seit wann besteht der Kontakt, zu welchen Uhrzeiten fanden die Chats statt?
- Anbieter: In welcher App konkret oder in welchem Spiel passierte das Cybergrooming?

- Nicknames: Wie lautet der Nutzername des Cybergroomers in der betreffenden App? Wie der Nutzername des Kindes?
- Sonstige Informationen, die der Täter preisgegeben hat. Zum Beispiel seinen Namen oder Wohnort. Jeder Hinweis ist hilfreich!

Wenn sich Ihr Kind mit einem Cybergrooming-Fall an Sie wendet, unterstützen Sie es bei diesen Schritten und blockieren Sie den Täter vorerst nicht. Es klingt möglicherweise etwas widersprüchlich, aber das würde ihn unter Umständen warnen. Übergeben Sie erst alle Daten der Polizei, bevor Sie den Täter blockieren.

Wie schütze ich mein Kind vor Cybergrooming?

Ihr Kind muss erst einmal wissen, dass es Cybergrooming gibt. Sprechen Sie mit ihm offen darüber. Ermutigen Sie es, auf sein Bauchgefühl zu hören und Sie ins Boot zu holen, wenn es sich mit etwas im Netz unwohl fühlt. Zeigen Sie sich unbedingt verständnisvoll und hören Sie öfter mal nach, was das Kind in Apps und Spielen gerade erlebt.

Schützen Sie außerdem die Privatsphäre Ihres Kindes durch privat gestellte Accounts und unverfängliche Nutzernamen. Klären Sie Ihr Kind darüber auf, dass es keinen Kontakt zu Fremden im Netz haben darf, weil es in der anonymen Welt auch Menschen mit schlechten Absichten gibt. Und sensibilisieren Sie Ihr Kind im Hinblick auf die eigenen Daten und darauf, was es teilt. Beim Posten von Fotos und Profilbildern gilt: Weniger ist mehr!

Tipps, um Cybergrooming vorzubeugen:

- Gesundes Misstrauen: Bei Apps und Plattformen mit Chatfunktion Kinder aufklären, dass sich auch unwahre Profile dort verbergen.
- Unangenehmes beenden: Bestärken Sie Ihr Kind darin, dass es jederzeit komische Chats verlassen und beenden kann.
- Nutzernamen klug wählen: Achten Sie darauf, dass Ihr Kind in Spiele-Apps nicht mit seinem Klarnamen angemeldet ist. Auch Altersangaben oder der Wohnort sollten nicht im Account-Namen zu finden sein, ein Negativ-Beispiel wäre »tobias11berlin«. Besser sind Kombinationen, aus denen sich weder Geschlecht noch Name oder Alter des Kindes ablesen lassen. Zum Beispiel der Nutzername »xcv456«.
- Einstellungen prüfen: Schauen Sie nach, ob die Chatfunktion im Spiel oder der entsprechenden App deaktiviert werden kann.
- Dabei sein, präsent sein: Bewegen Sie sich mit Ihrem Kind gemeinsam auch mal in seiner Onlinewelt. Lassen Sie sich die Spiele zeigen, interessieren Sie sich für eventuelle soziale Netzwerke. Stellen Sie Fragen, ohne Ihr Kind dabei unter Druck zu setzen.
- Hilfe von außen: Legen Sie gemeinsam mit Ihrem Kind einen Ansprechpartner fest, falls mal was sein sollte. Das müssen nicht zwingend die Eltern sein, hier kann auch ein anderes Familienmitglied benannt werden. Wichtig ist, dass das Kind weiß, an wen es sich bei Problemen im Netz wenden kann.
- Die Schule einbeziehen: Neben Aufklärung und digitaler Begleitung zu Hause ist es durchaus wirkungsvoll, wenn Kinder auch in der Schule auf das Phänomen Cybergrooming aufmerksam gemacht werden. Fragen Sie doch mal bei Ih-

rer Schulleitung nach, ob und welche Maßnahmen dort geplant sind.

»Nein, lass das!«

Josefine Barbaric ist Gründerin des gemeinnützigen Vereins »Nein, lass das! e. V.«. Als ehemalige Betroffene von sexuellem Kindesmissbrauch setzt sie sich heute für Prävention und Aufklärung ein und unterstützt Kommunen, Ämter und Bildungseinrichtungen bei Präventionsprojekten. Josefine Barbaric und ihrer Arbeit können Sie bei Instagram unter @childrensdefence folgen. Sie sagt: Aufklärungsarbeit kann auch zu Hause stattfinden.

Dein Ansatz, Kinder vor sexuellem Missbrauch zu schützen, ist, sie in jungen Jahren aufzuklären. Deshalb hast du zwei Bücher für Kinder geschrieben. Welche Geschichte erzählst du darin?

Josefine Barbaric: Im ersten Buch für Kinder ab zwei Jahren erzählt »Kraft« seine Geschichte. Ein kleiner starker Junge, der sehr schlau ist und weiß, dass Kinder das Recht haben, über ihren eigenen Körper zu bestimmen und Nein sagen dürfen, wenn sich etwas »komisch« und ungut anfühlt. Außerdem geht es um »Geheimnisse«, auch wenn ich den Begriff nicht mag, da gerade junge Kinder aufgrund ihrer kognitiven Fähigkeiten nur schwer bis gar nicht zwischen vermeintlich guten oder schlechten Geheimnissen unterscheiden können. Der Geheimhaltungsdruck von Täterpersonen zielt aber genau darauf ab. Es ist also wichtig, Kindern verständlich zu machen, dass sie über Geheimnisse immer sprechen dürfen. Bei »Franz und Marie«, den Körperpolizisten, geht es um die Abgrenzung unter

Kindern ab fünf Jahren. Sie lernen, Nein zu sagen. Beide Bücher sind aktive Vorlesebücher. Es braucht also Erklärungen und die Bereitschaft der Eltern, sich den Fragen ihrer Kinder ohne Scham zu stellen. Mir ist wichtig zu vermitteln: Aufklärung kann Spaß machen!

Kinder und Jugendliche, die unzureichend über Sexualität aufgeklärt wurden, sind anfälliger dafür, Opfer von sexuellem Missbrauch zu werden. Ab wann sollten wir Kinder aufklären und wie?

Kinder sollten so früh wie möglich aufgeklärt werden, altersgerecht natürlich. Es geht darum, weder betroffen noch übergriffig zu werden. Vielen Eltern fällt es schwer zu akzeptieren, dass ihre Kinder eine frühkindliche Sexualität erleben, die nichts mit erwachsenen Vorstellungen von Sexualität zu tun hat. Um zwischen guten und schlechten Berührungen unterscheiden zu können, braucht es Wissen, in Form von eigenen positiven Körpererfahrungen und einer guten Lernbegleitung in Hinblick auf grenzüberscheitendes Verhalten. Sind Kinder und Jugendliche hier nicht richtig aufgeklärt, fällt ihnen schwerer, zwischen guten und verbotenen Berührungen oder Annäherungen zu unterscheiden. Ein gesundes Nähe- und Distanz-Verhältnis muss also erst mal gelernt werden. Im besten Fall durch gute Vorbilder!

Wie erkennen Eltern, Nachbarn oder auch Pädagogen, dass ein Kind von sexuellem Missbrauch betroffen ist?

Die Anzeichen können vielfältig sein. Es gibt von der Gewerkschaft der Polizei dazu eine Checkliste, die man unter gdp.de findet. Bei Verdachtsmomenten ist wichtig, dass Eltern oder eine Bezugsperson ausführlich ihre Eindrücke mit Datum und Zeitangabe dokumentieren, sehr sachliche Fragen stellen und darauf achten, dass sie auch in ihrer Mimik sachlich bleiben.

Letzteres ist sehr wichtig. Denn wenn dein Gegenüber total geschockt reagiert, ist man selbst gehemmter im Sprechen. Außerdem helfen die fünf goldenen W-Fragen:
»Wann ist das passiert?«, um herauszufinden, wann der mögliche sexuelle Missbrauch stattgefunden hat. »Wo ist das passiert?«, um zu erfahren, an welchem Ort der mögliche sexuelle Missbrauch stattgefunden hat. »Wer war dabei?«, um zu wissen, wer an dem möglichen sexuellen Missbrauch beteiligt war. »Was wurde getan?«, um zu erkennen, was dem Kind angetan wurde. Und »Wie ist es dazu gekommen?«, um mehr über den möglichen sexuellen Missbrauch herauszufinden, ohne die Sache also solche zu nennen.

Fake News & Deepfakes – Tools zum Enttarnen von Falschnachrichten

Das aktuell brisanteste Digitalthema sind Falschnachrichten im Netz. Nicht erst seit der Pandemie werden aus Fakten Halbwahrheiten oder gezielte Lügen. Das ist, als würde man mit ganz viel Dreck um sich werfen, in dem Wissen, dass immer ein bisschen was hängen bleibt. Das betrifft viele Bereiche, in denen Meinungen auseinandergehen: insbesondere die Wissenschaft, aber natürlich auch die Politik.

Nun haben wir ein offenes Netz, Zensur findet bei uns zum Glück nicht statt. Aber eben auch keine Prüfung von Inhalten. So kann jeder seine Meinung teilen, was per se absolut richtig und wichtig ist. Fakten verdrehen ist es hingegen nicht. Das passiert auch schon im ganz Kleinen, in Familiengruppen bei WhatsApp, wenn Fotos mit vermeintlich politischen Gags geteilt werden, im Kern aber ein falsches Bild vermittelt wird. Die am häufigsten geteilten Falschnachrichten haben längst die Spaß-Ebene verlassen. Es wird immer mehr Unwahres verbreitet, so oft und so vehement, dass irgendwann ein ungutes Gefühl zurückbleibt. »Was, wenn doch was dran ist?«

Fake News sind eine große Gefahr für die Demokratie. Sie können ganze Bewegungen instrumentalisieren und zu Gewalt führen. Durch sie werden wir gesellschaftlich noch zerstrittener, noch zerrütteter. Und weil unsere Kinder durch eigene Smartphones heute immer früher Zugang zu Falschnachrichten haben, ist es unglaublich wichtig, dass sie Kenntnis darüber haben.

Laut einer repräsentativen Umfrage des Meinungsforschungsinstituts Infratest dimap für die Vodafone Stiftung waren 76 Prozent der 14- bis 24-Jährigen in der Corona-Pandemie regelmäßig mit Falschnachrichten konfrontiert.[34] Das entspricht einem Anstieg von 50 Prozent innerhalb von zwei Jahren. Deutlich wurde unter den Befragten auch, dass es durchaus als herausfordernd empfunden wurde, echte Nachrichten von Falschinformationen zu unterscheiden. So wünschen sich 85 Prozent der befragten Jugendlichen, dass das Thema Falschnachrichten zum verpflichtenden Bestandteil des Lehrplans wird.

Kinder brauchen dringend Rüstzeug für einen guten Umgang mit Falschnachrichten in digitalen Medien. Doch die Kompetenz, Fake News zu erkennen, wird kaum vermittelt. Das Enttarnen von Desinformationen muss geübt werden. Themen und Mechanismen verändern sich, immer neue Internetseiten mit vermeintlich faktischen Wahrheiten schießen ins Netz. Fake News erkennen ist also keine Sache, die man einmalig in einer Unterrichtsstunde übt, vielmehr ein fundamentaler Baustein für Medienkompetenz, der in alle Lehrpläne eingebunden, ständig mit altersgerechten Beispielen wiederholt und ergänzt werden sollte.

Weil Falschnachrichten in der Schule aber nicht flächendeckend behandelt werden, sollten wir unsere Kinder zu Hause dafür sensibilisieren. Das bedeutet, ihnen beizubringen, wie man Quellen prüft und Meinungen hinterfragt, indem man Belege sucht und findet, die eine Sache stützen oder stürzen.

- Formfehler: Häufig enthalten Falschnachrichten Formfehler, also Rechtschreib- und Grammatikfehler oder bewusste Namensveränderungen, die eine Seriosität vermitteln sollten. So gab es, angelehnt an das *Handelsblatt,* zum Beispiel mal die Website »Handelblattonline«.
- Seitencheck: Seriöse Websites haben ein Impressum mit Anschrift und Kontaktdaten wie E-Mail und Telefon des Betreibers. Häufig finden sich auf Seiten, die Fake News verbreiten, keine dieser Informationen. Auch sind werbliche Inhalte und Fließtext auf einer seriösen Website klar voneinander getrennt, zum Beispiel durch Werbebanner.
- Recherche: Richtiges Suchen kann zur Lösung und damit zur Wahrheit führen. So kann zum Beispiel die Überschrift einer vermuteten Falschnachricht in »Anführungszeichen« bei Google platziert werden. Handelt es sich um eine Falschnachricht, finden sich keine Quellen oder aber lediglich Berichtigungen von Faktencheck-Seiten.
- Fotocheck: Häufig werden auch Fotos gefälscht. Der Wahrheitsgehalt eines Bildes lässt sich über die Rückwärtsbildersuche bei Google unter google.de/imghp oder beim Anbieter tineye.com prüfen. Lädt man das zu prüfende Foto hoch, spucken die Systeme aus, wo es in welchem Kontext erstmals aufgetaucht ist.
- Faktenchecks: Zahlreiche Websites haben sich dem Thema Faktenprüfung angenommen. Hier finden sich immer spannende Thesen und ihr Wahrheitsgehalt. Dazu gehören mimikama.at, correctiv.org, der Faktenfinder der Tagesschau und der Anti-Fake-News-Blog volksverpetzer.de. Die Website fakefilter.de von der Bundeszentrale für politische Bildung ist speziell für Jugendliche entwickelt und erklärt spielerisch die Entstehung von Fake News.
  Auch der Fakefinder des SWR zeigt, wie man Falschnachrichten erkennt: swrfakefinder.de

- Auch mit jüngeren Kindern kann man das Thema Falschnachrichten schon behandeln. Dazu empfehlen wir die Videos vom Bayerischen Rundfunk, die unter der Rubrik »So geht Medien« zahlreiche Clips zur Verfügung stellen. Für die noch Kleineren eignen sich auch die Clips von »logo!«. Absolut herausragend ist das Spiel getbadnews.de. Hier werden Kinder und Jugendliche animiert, selbst eine Falschnachricht zu schreiben und bekommen so ein Gespür für die Wirkung von Worten und die Mechanismen hinter Falschmeldungen.

Deepfakes: Jetzt wird's gruselig

Nun hatte man uns früher gelehrt: Glaube nur, was du mit eigenen Augen siehst. Das Problem bei Deepfakes ist allerdings, dass man etwas wirklich mit eigenen Augen sieht, und es stimmt trotzdem nicht. Deepfakes muss man sich in etwa wie Fotomontagen vorstellen, nur im bewegten Bild. Mittels künstlicher Intelligenz lassen sich ganze Videos so fälschen, dass das Ergebnis täuschend echt wirkt, denn die Technologie ermöglicht den Tausch von Gesichtern. Das klappt zum Beispiel mit der App »FaceApp«. Hier kann jeder Nutzer sein eigenes Bild hochladen und auf Wunsch bearbeiten. Vieles ist Spielerei, etwa die Funktionen, sich eine neue Haarfarbe auf die Frisur zu legen, Gender-Swapping, also der Geschlechtertausch des Bildes, oder die Funktion, das eigene Gesicht in das eines Prominenten zu platzieren. Nutzt man hingegen Apps wie »Wombo« oder die »RefaceApp«, wird die ganze Sache schon konkreter und wirkt tatsächlich echt. Denn hier wird lediglich ein Selfie aufgenommen, das innerhalb der App dann in Hunderte von Videos eingefügt werden kann. Zu sehen sind Stars auf der Bühne, Schauspieler in bekannten Filmen wie *Titanic, Dirty Dancing* oder *Terminator* – nur eben mit dem eigenen Gesicht, das als Selfie hochgeladen wurde. Vielleicht erinnern Sie sich an das Vierer-

Selfie von Annalena Baerbock, Christian Lindner, Robert Habeck und Volker Wissing kurz nach der Bundestagswahl 2021. Aus diesem Bild entstanden unzählige Bewegtbild-Clips, in denen die vier gemeinsam sangen. Die Clips gingen bei Twitter und Instagram viral, erstellt wurden sie mit der Reface-App.

Das aber wohl bekannteste Deepfake-Video zeigt Barack Obama, dessen Worte durch den Schauspieler und Regisseur Jordan Peel bearbeitet wurden. Peel wollte damit aufzeigen, welche Möglichkeiten technologisch jetzt schon erfunden sind, wie täuschend echt die Fakes sind und wie gefährlich sie genutzt werden können. Wir können Ihnen sehr empfehlen, sich dieses Video bei Youtube anzusehen. Sie finden es, wenn Sie »You Won't Believe What Obama Says In This Video!« eingeben.

Deepfakes könnten langfristig also zu einem großen Problem werden, auch wenn sie momentan eher spielerisch zum Einsatz kommen. Dabei dürfen wir aber nicht vergessen: Die Technologie ist erfunden, sie kann bereits kostenlos genutzt werden. Und Technologien werden immer besser, manchmal ist das nur eine Frage von Monaten. Wir müssen uns also darauf einstellen und auch unsere Kinder sensibilisieren, dass selbst das bewegte Bild künftig genau geprüft werden sollte, bevor wir einer Sache Glauben schenken. Im Übrigen wären wir auch vorsichtig mit dem Upload von Selfies in diese Plattformen. Es ist überhaupt nicht klar, was mit den Fotos passiert, wo und ob sie langfristig gespeichert werden. Und: Teilweise wollen die Apps Zugriff auf alle Bilder in der eigenen Mediathek auf dem Smartphone.

Pornografie

Irgendwann gibt es Themen, die Kinder nicht mit ihren Eltern besprechen wollen, sondern für die sie lieber anonym Google befragen. Kinder heute müssen noch nicht mal nach Pornografie explizit suchen, es reicht, dass sie sich über die Veränderung des eigenen Körpers vor und während der Pubertät informieren möchten. Und was Google dann innerhalb weniger Klicks ausspuckt, wenn man nach nackten Körpern sucht, hat wenig mit Biologie-Unterricht zu tun. Wenn Kinder also nach Sexualität googeln, wird mehr pornografisches als aufklärendes Material gezeigt.

Kinder kommen heute sehr früh mit pornografischen Inhalten in Kontakt, weil sie Smartphones und Tablets sowie Google eigenständig nutzen. Ihr Wissen über Sexualität beziehen Jugendliche nicht mehr aus den Dr.-Sommer-Seiten der *BRAVO*. Sie müssen sich überhaupt keine Zeitschrift kaufen, denn Google, Alexa oder Siri kennen auf alle Fragen eine Antwort. Dabei wäre die Zeitschrift vermutlich die bessere Wahl. Was sich dort nämlich nicht findet, sind pornografische Darstellungen.

Bei Google ist das anders. Hinter jedem Bild oder Video steht meist eine Sex-Seite, die vielleicht abfragt »Bist du über achtzehn?«. Dann bestätigt man mit »Ja« und ist drin in einer Welt, die nicht für Kinder und Jugendliche gemacht ist. Was Kinder dort erwartet, sind nicht nur zwei Menschen, die Geschlechtsverkehr haben, sondern auch teils abartige Clips, wie sexuelle Gewalt oder Sex mit Tieren.

Es ist ausgesprochen wichtig, Kinder und Jugendliche so lange wie nur möglich vor Pornografie zu schützen. Denn was ihnen dort vermittelt wird, hat nichts mit echter Liebe und wahrer Sexualität zu tun. Jungen wird suggeriert, wie Männer auszusehen haben, wie lang der Penis sein sollte und wie man eine Frau beim Sex benutzt. Mädchen bekommen suggeriert, welche Posen Männer anmachen, wie unterwürfig Frauen sich beim Sex verhalten und wie groß Brüste sein sollten. Das vermittelte Bild entspricht niemals der Realität, sondern folgt immer einem Drehbuch. Das müssen Kinder wissen.

Wenn Kinder verstehen, was Sexualität bedeutet, wenn sie altersgerecht aufgeklärt werden und wir – wirklich konkret – mit ihnen darüber sprechen, schaffen wir ein Fundament an Wissen, das ihnen später hilft, Pornografie einordnen zu können und sie vielleicht auch davon abhält, Pornos zu googeln. Wir haben darüber mit dem Sexualtherapeuten Carsten Müller gesprochen, den Sie auch bei Instagram unter dem Namen @praxis.fuer.sexualitaet finden.

Kinder aufklären, bevor es Google, Alexa oder Siri tun

Carsten Müller ist Sexual- und Paartherapeut. Er weiß, warum wir mit unseren Kindern über Sexualität sprechen sollten – so sachlich, wie wir es auch bei Obst und Gemüse tun. Deshalb heißt sein Familienratgeber auch *Sex ist wie Brokkoli*. 2021 erschien sein zweites Buch *Von wegen Bienchen und Blümchen* – ein Aufklärungsbuch für Kinder.

Was macht das mit der Sexualität von Kindern, wenn sie in zu jungen Jahren und vielleicht auch noch unaufgeklärt auf Pornografie im Netz stoßen?
Carsten Müller: Pornografie ballert und kann in kürzester Zeit wirken. Das sind zu viele Informationen, die Kinder überhaupt nicht einordnen können, wenn sie keine Idee von Sexualität haben. Der wichtigste Aspekt ist also, ob Pornografie auf unaufgeklärte oder auf aufgeklärte Kinder trifft. Bei Pornografie ist immer ein Wirkungspotenzial gegeben – auch bei Erwachsenen natürlich. Sie ist in der Regel aber weit weg von liebevoller Sexualität, die Rollenbilder sind sehr klassisch, was Kinder auch beeinflussen kann. Zudem werden einzelne Sexualpraktiken omnipräsent und das kann zu einem »Normalisierungseffekt« führen, zum Beispiel, dass Analverkehr standardmäßig dazugehört. Wenn Kinder also kein Bild von Liebe und Sexualität haben, kann das ihr eigenes Bild prägen. Sind Kinder hingegen aufgeklärt und haben eine Idee von Liebe und Sexualität, ist das Wirkungspotenzial von Pornografie deutlich geringer.

Kinder brauchen Sexualitätsaufklärung, den Zugang zu eigenen Gefühlen und Körperwahrnehmung, sie sollten ihre Körperteile richtig benennen können und über ein Sexualitätswissen verfügen.

Angenommen, mein Sohn bekommt pornografisches Material zugeschickt und ich habe ihn noch nicht aufgeklärt …

Dann kann sich die Wahrnehmung seines eigenen Körpers verändern, weil er natürlich Vergleiche zieht. Gerade im Zuge der Identitätsfindung wollen Kinder wissen: »Bin ich normal so, wie ich bin?« Pornografie ist eingebettet in ein gesellschaftliches Bild von Sexualität, das an vielen Stellen sehr präsent ist. Kinder kommen viel früher und häufiger mit Sexualität in Berührung als noch vor zehn oder zwanzig Jahren. Heute haben sie schon in der Grundschule Kontakt zu Hardcore-Pornografie. Es muss noch nicht mal sein, dass Kinder bewusst nach Pornografie suchen, vielmehr wird sie ihnen von anderen Kindern, in Chats oder von Geschwistern gezeigt. Aber auch Zufallsfunde können den Erstkontakt auslösen.

Wie können Eltern dem vorbeugen?

Eltern können vorher schon ihre Kinder aufklären, verdeutlichen, dass in der Familie über Sexualität gesprochen werden darf und ihre Kinder sensibilisieren, dass sie im Internet vielleicht auch Dinge sehen, die eigentlich nur Erwachsene sehen sollten. Es braucht eine sehr offene Gesprächskultur, damit Kinder auch auf ihre Eltern zukommen, wenn sie mal auf einen sexualisierten Inhalt stoßen, den sie besprechen möchten. Wir können Kinder nicht vor dem Kontakt zu Pornografie schützen, das entspricht nicht der Realität. Wir können nur vorher schon mit ihnen in den Austausch gehen, unsere Kinder digital begleiten, ihnen die Hand reichen und ihre eigene Verantwortung stärken.

Sexualität ist in vielen Familien ein Tabuthema, weil Eltern selbst so aufgewachsen sind. Wie kann ich mit meinem Kind darüber sprechen, wenn ich mich mit dem Thema unwohl fühle?

Erst mal müssen wir den Schalter umlegen, denn kindliche Sexualität ist keine Erwachsenensexualität. Vielmehr geht es um Neugierde, um Körpergefühl und darum, die eigene Identität zu entwickeln. Für Kinder ist Sexualität ein reines Sachthema. So, als wenn wir über Obst und Gemüse sprechen. Eltern können also Zeichen setzen und zum Beispiel Aufklärungsbücher anschaffen, in denen das Kind blättern darf. So kann ein Kind dann bei Fragen auf die Eltern zukommen und versteht: Bei uns zu Hause darf über Sexualität gesprochen werden. Wenn man selbst nicht offen damit groß geworden ist, braucht es natürlich eine eigene Sprache. Das können Eltern innerhalb der Partnerschaft üben und in den Austausch gehen, wie man in der Familie beispielsweise Geschlechtsteile benennt. Auch Doktorspiele der Kinder sollte man begleiten und nicht verbieten. Letztlich ist es aber ein Zusammenspiel aus Elternhaus, Kita und Schule. Wir informieren uns konkret über das Mittagessen in den Einrichtungen, die unsere Kinder besuchen, dabei wäre es auch wichtig zu erfragen, wie das pädagogische Konzept hinsichtlich Aufklärung und Sexualität aussieht.

In welchem Alter sollten wir unsere Kinder aufklären?

Ein Kind, das in die Grundschule kommt, sollte auf einer Sachebene wissen, wie ein Baby entsteht. Ohne Bienchen und Blümchen, ohne Verniedlichung. Weil in der Grundschule eben genau diese Bilder reproduziert werden. Zudem ist es viel einfacher, Kinder im Vorschul- oder Grundschulalter aufzuklären als Kinder, die bereits in der Pubertät sind. Denn Teenager haben schon Bilder und Ideen von Sexualität im Kopf. Bei jüngeren Kindern sind diese Bilder noch nicht gesetzt. Dementsprechend können Eltern das Thema im Vorfeld besetzen und durch Gefühle prägen. Es ist doch viel besser, wenn Eltern die eigenen Kinder aufklären, und nicht Google, Alexa oder Siri.

Also ist es wichtig, dass ich alle Fragen meines Kindes richtig beantworte?

Unbedingt. Und das muss auch nicht sofort sein, man darf sich auch Zeit verschaffen und dem Kind sagen, dass man darüber nachdenken möchte. Mir hat kürzlich eine Mutter berichtet, dass die Kinder nach der Aufklärung in der Grundschule noch Fragen hatten. Sie haben also die Lehrerin gefragt, was ein Orgasmus sei. Die Lehrerin sagte daraufhin, dass es etwas sei, was Erwachsene hätten. Für die Kinder war diese Antwort nicht zufriedenstellend. Also haben die Kinder »Orgasmus« gegoogelt. Die Bilder, die sie dann gesehen haben, haben noch mehr Fragen aufgeworfen, als beantwortet wurden. Wenn es um Sexualität geht, ist es hilfreicher, mit Kindern in Büchern nach Antworten zu suchen als im Internet. Wenn wir das nicht tun, ist die Frage ja nicht weg. Im Gegenteil. Dann wird sie noch spannender und dann wird noch mehr dafür getan, eine Antwort zu bekommen.

Kinder vor Pornografie schützen

Auch beim Thema Pornografie ist Aufklärung der Schlüssel. Zusätzlich helfen ein paar technische Kniffe, um Ihr Kind vor entsprechenden Bildern zu schützen. Leider müssen wir dazu sagen, dass es keinen vollumfassenden Schutz gibt. Technische Lösungen greifen zum Beispiel nicht, wenn Ihr Kind über den Klassenchat Pornografie zugeschickt bekommt. Sie greifen auch nicht, wenn ein Kind uneingeschränkten Zugriff auf Google oder andere Erwachsenen-Suchmaschinen hat. Was Sie dennoch tun können:

- Wenn Ihr Kind einen eigenen Laptop hat, können Sie die vorinstallierte Kindersicherung nutzen. Dafür legen Sie für das Kind ein eigenes Nutzerkonto an und versehen dieses mit eingeschränkten Zugriffsrechten. Sowohl unter Windows als auch macOS lassen sich nur altersgerechte Inhalte für den Browser festlegen. Im Browser selbst können meist zusätzliche Plugins installiert werden, die bestimmte Seiten unzugänglich machen, zum Beispiel Google oder Youtube. Man muss sich etwas in das Thema einarbeiten, weil jeder Computer, jeder Browser und jedes Betriebssystem anders arbeitet. Aber es lohnt sich, weil es zusätzlichen Schutz bedeutet.
- Wichtig sind Kindersuchmaschinen, mehr dazu im Kapitel *»Kann das stimmen?« Die Kompetenz Recherche.*
- Besprechen Sie mit Ihrem Kind den Umgang mit Pornografie in WhatsApp. Das ist leider immer wieder ein Thema in Klassenchats, daher sollte die automatische Download-Funktion bei WhatsApp deaktiviert sein. An einer Stuttgarter Schule wurde 2019 im Klassenchat kinderpornografisches Material geteilt. Durch die automatische Download-Funktion war dieses Material somit auf 24 Geräten vorhanden. Die Polizei beschlagnahmte daraufhin alle Geräte der Kinder, denn sowohl der Besitz als auch der Versand von kinder- und jugendpornografischem Material sind strafbar. Auch das ist ein Punkt, den Kinder kennen sollten und zeigt wieder, wie wichtig der Dialog mit ihnen ist, sobald sie ein eigenes Smartphone nutzen.
- Einige örtliche Polizeidienststellen bieten Aufklärungs-Workshops für Kinder und Jugendliche an. Fragen Sie also einfach mal bei Ihrer Polizei nach.

Sexting

Wenn man die Begriffe »Sex« und »Texting« mixt, dann wird daraus Sexting. Heißt: Personen chatten miteinander und tauschen dabei selbst produzierte, freizügige Aufnahmen aus – das können Nacktfotos, sexy Selfies oder entsprechende Videos sein. Wichtig ist hierbei, dass die Konversation zwischen beiden einvernehmlich geschieht. Sexting wird zum Beispiel ab Teenager-Alter von Jugendlichen genutzt, um den Freund oder die Freundin auf der Flirt-Ebene »ein bisschen heiß zu machen«. Anna von Mallinckrodt betreibt den Podcast *Hashtag Medienwissen* und beschreibt Sexting in ihrer gleichnamigen Podcast-Folge[35] als einen »festen Teil der modernen, intimen Kommunikation«.

Was für uns als Erwachsene ein Ding der Unmöglichkeit wäre, nämlich Nacktfotos übers Netz zu verschicken, ist für einige Jugendliche Normalität. Die Bilder dienen natürlich auch dazu, sich ein Feedback der anderen Person einzuholen, um sich ein gutes Gefühl, ein bisschen Lob und Bestätigung zu erhaschen. Sie sollen jedoch auch ein Liebesbeweis für den anderen sein und zeigen: Hey, ich vertraue dir.

Das ist aus Erwachsenensicht bedenklich, denn wir sehen vor unserem geistigen Auge schon das Worst-Case-Szenario, das Jugendliche aber nicht immer auf dem Schirm haben: Eine Liebesbeziehung endet, was dazu führen kann, dass das entstandene Bild- oder Video-Material nicht mehr sicher ist. Natürlich verabreden die beiden Beteiligten zunächst, dass das Material nicht weitergeleitet, sondern im Zweifel gelöscht wird. Es bleibt aber immer ein Risiko und somit ein dauerhaft ungutes Gefühl. Was, wenn der andere die Bilder doch herumzeigt? Was, wenn er oder sie aus Rache oder einfach aus verletzter Eitelkeit das Material in den Klassenchat stellt oder sonst irgendwo postet?

Tritt dieses Szenario ein, wird Sexting strafbar. Immerhin war die Konversation einvernehmlich für einen geschützten Raum gedacht.

Wird der verlassen, handelt es sich um sekundäres, strafbares Sexting. Hinzu kommt: Nutzen Jugendliche unter dreizehn Jahren Sexting, erstellen sie sexy Fotos oder Videos und werden diese dann nicht einvernehmlich verbreitet, handelt es sich um kinderpornografisches Material. Bei Jugendlichen ab vierzehn Jahren, die sich gegenseitig und einvernehmlich Nacktbilder zusenden, handelt es sich nicht um die Herstellung und Verbreitung von Jugendpornografie.

Sexting ist also ein großes Vertrauensthema. Betroffene Kinder und Jugendliche, deren Nacktfotos oder Videos einmal die Runde machen, haben lange damit zu kämpfen. Verhindern werden wir Eltern das vermutlich nicht können, aber wir müssen unsere Kinder für das beschriebene Worst-Case-Szenario sensibilisieren.

Fear of Missing Out

»Fear of Missing Out«, kurz FOMO, beschreibt die Angst, etwas zu verpassen. Das kennen sicherlich auch einige Erwachsene. Denn so ganz ausschließlich verorten lässt sich das Phänomen nicht bei Kindern und Jugendlichen. Aber es wird bei ihnen vielleicht sogar begünstigt und gefördert. Teens haben häufig alle ihre Einstellungen für Push-Nachrichten aktiviert, sekündlich poppt eine neue Benachrichtigung auf. Vielleicht kennen Sie das von Ihrem eigenen Kind: Der Bildschirm mancher Teens wird regelrecht geflutet durch die ständigen Mitteilungen von Instagram, Snapchat oder TikTok. Da gerät man als Erwachsener allein beim Hinsehen in Stress. Warum also lassen so viele Jugendliche dies geschehen? Es wäre ein Leichtes, alles zu deaktivieren. Nun, man könnte ja etwas verpassen, nicht mitbekommen oder gar zu spät sehen. Besonders WhatsApp-Klassen- oder -Gruppenchats spielen eine große Rolle, weil irgendjemand dort immer etwas postet. Kinder werden also permanent daran erinnert: Lies deine Nachrichten!

Fear of Missing Out ist kein internettypisches Phänomen. Das kann durchaus auch im analogen Leben stattfinden. Dann betrifft es beispielsweise die Sorge, dass Freunde ohne einen selbst mehr Spaß haben, eine Party verpasst wird und man nicht mitreden kann. Fear of Missing Out strömt in die verschiedensten Bereiche, wird aber natürlich durch Smartphones und soziale Netzwerke unglaublich verstärkt. Wir können unsere Kinder aber durchaus dafür sensibilisieren, zu sagen: **Hey, lies deine Nachrichten dann, wenn du es willst.** Und nicht, wenn eine App das möchte!

Vielleicht lässt sich Ihr Kind darauf ein, jegliche Benachrichtigungen von Snapchat, WhatsApp, Instagram, TikTok und Co auszustellen. Und was den WhatsApp-Klassenchat betrifft, lassen sich zumindest für die jüngeren Kinder ab Klasse 5 Öffnungszeiten vereinbaren. Diese können in der Schule festgelegt werden oder aber auch beim ersten Elternabend im neuen Schuljahr. Der wichtigste Tipp hierzu ist allerdings: Schaffen Sie einen Wecker fürs Kind an, sodass das Smartphone nicht gleichzeitig auch als Wecker genutzt werden muss. Dann kann das Handy nämlich am Abend auch aus dem Kinderzimmer ausziehen.

Recht im Netz

Im Internet ist alles erlaubt? Nein. Aber tatsächlich fühlt sich das manchmal so an, wenn wir sehen, wie andere beleidigt oder mit Hasskommentaren beschimpft oder wie teils Kinderrechte in Bezug auf Fotos verletzt werden. Aber: Auch im Digitalen gelten Regeln und Gesetze wie im realen Leben. Nur werden rechtliche Themen in der Medienarbeit mit Kindern und Jugendlichen gegenwärtig immer noch vernachlässigt. Es fehlt an Aufklärung und Sensibilisierung, was im Netz noch okay ist, wo die Grenzen liegen und wann eine Grenzüberschreitung vorliegt. Dabei werden wir alle fast täglich Augenzeugen von Geschehnissen, die zu weit gehen. Denn das kann auch schon ein Kommentar sein. Welche Gesetze und Rechtsvorschriften Kinder kennen sollten und was Erwachsene im Netz bedenken sollten, wenn ihre Kinder involviert sind, sehen wir uns in diesem Kapitel einmal näher an.

Medienkompetenz verpflichtend ab Klasse 1

Dr. Thomas-Gabriel Rüdiger ist Leiter des Instituts für Cyberkriminologie an der Hochschule der Polizei des Landes Brandenburg. Der ehemalige Polizist beschäftigt sich mit digitalen Straftaten und kriminologischen Erklärungsansätzen im Netz. Er will Kinder im digitalen Raum besser geschützt sehen und wünscht sich eine flächendeckende Vermittlung von Medienkompetenz an allen Schulen in Deutschland ab Klasse 1. Er tritt dafür ein, dass Kinder nicht nur hinsichtlich negativer Internetphänomene aufgeklärt werden sollten, sondern besonders auch, wenn es um Rechtsthemen geht. Thomas-Gabriel Rüdiger finden Sie bei Instagram unter @Cyberkriminologe oder bei X unter dem Account-Namen @TGRuediger.

Thomas, du forderst die Vermittlung von Medienkompetenz für Kinder ab Klasse 1. Warum ist das so wichtig?

Thomas-Gabriel Rüdiger: Kinder haben heute teilweise schon ab der ersten Klasse Zugang zum Internet und damit einem globalen Kommunikations- und Interaktionsraum. Auf die daraus entstehenden Risiken müssen sie vorbereitet werden. Viele Eltern scheinen diese Herausforderungen aber gegenwärtig zu überfordern, weil sie sich selbst nicht auskennen oder sie schlicht kein Interesse daran haben, ihre Kinder auf diesen digitalen Raum vorzubereiten. In all diesen Fällen gibt es nur eine gesellschaftliche Institution, über welche dennoch alle Kinder gleichmäßig erreicht werden können, das ist die Schule. Hier müsste also Medienkompetenz vermittelt werden und auch künftige Lehrkräfte sollten auf diese Aufgabe vorbereitet werden. Auch das Wissen um die Risiken im Netz und wie man sich dort sicherer bewegt, muss strukturiert vermittelt werden. Kinder sollten zum Beispiel wissen, dass es Cybergrooming gibt und wie sie sich Hilfe holen können. Es braucht mehr Kenntnis hinsichtlich Cybermobbing, Kompetenzen in Bezug auf Fake News, Deepfakes und Hassnachrichten. Und natürlich auch die rechtliche Komponente, damit Minderjährige nicht aus Unwissenheit zu Tatverdächtigen werden. Ich sehe die erste Klasse hier als Startpunkt für Medienbildung, da es Kinder gibt, die dann schon teilweise auf eigenen Smartphones Onlinegames zocken oder Zugriff auf WhatsApp und andere soziale Medien haben und sich umgekehrt überhaupt nicht über die Risiken bewusst sind.

Wie könnte das in der Praxis aussehen?

Letztlich ist es eine strategische Entscheidung der Politik, ob Medienkompetenz innerhalb von bestehenden Fächern vermittelt wird oder ob neue Fächer geschaffen und externe Medienpädagogen dazugeholt werden. Vielleicht muss auch über die Gewichtung der Schulfächer generell nachgedacht werden. In einer digitalisierten Welt brauchen Kinder konkrete Medienbildung und Aufklärung – auch zu Rechtsthemen. Wir als Gesellschaft erwarten, dass sich Menschen an das Strafrecht halten. Aber wie will man das von jungen Leuten einfordern, wenn ihnen niemand die Strafnormen erklärt?

Welche Gesetze sollten Kinder und Jugendliche im digitalen Raum kennen?

Minderjährige sollten über die unterschiedlichsten juristischen, aber auch kriminologischen Themen und Auswirkungen des Internets aufgeklärt und damit vorbereitet werden. Das reicht vom Urheber- und Persönlichkeitsrecht bis hin zur juristischen Aufklärung über Beleidigungen, die Strafbarkeit von Sexualdelikten oder auch gewaltverherrlichende Videos. Aber auch Aspekte wie Auswirkungen des digitalen Narzissmus – also einer relativ unreflektierten Selbstdarstellung –, was sich beispielsweise im Filmen und Fotografieren bei Unfällen zeigt. Die Liste ist lang! Vermutlich wird es aufgrund der Defragmentierung des Streamingmarkts auch wieder eine Zunahme beim illegalen Streaming und Filesharing geben. Auch beim Thema Sexualität müssen Kinder rechtlich aufgeklärt werden, was erlaubt und was illegal ist. Selbst das Foto eines Kindes oder Jugendlichen, das als vermeintlicher Gag in ein sexualisiertes Deepfake-Video implementiert wird, kann einen sogenannten kinder- oder jugendpornografischen Inhalt darstellen. Von Themen wie »Free to Play«-Games und Co ganz zu schweigen.

Du forderst also eine Expertenkommission für eine Neuausrichtung?
Ich sehe die Bildungspolitik in der Pflicht, eine echte praxisorientierte Strategie zu entwickeln, wie diese Themen umgesetzt werden. Dazu muss man aber das Fachwissen von Medienpädagogen bis hin zu Expertinnen der Kriminalprävention der Polizei integrieren. Es braucht klare Strategien für Kinder und Medien und mehr Schutz. Gegenwärtig wird bei der Digitalisierung ständig nur über die technische Ausstattung gesprochen. Hardware ist aber nur ein Aspekt, viel relevanter ist es, jedem Kind durch Kompetenzen eine sinnvolle und aktive Mediennutzung zu ermöglichen.

Diese Rechte sollte Ihr Kind kennen

Kinder und Jugendliche sollten einige Basis-Informationen über Rechtliches im Netz haben. Aber keine Sorge: Wir sind keine Juristinnen und werden Sie an dieser Stelle nicht mit Paragrafen langweilen. Ein paar Dinge sollten Sie jedoch mit Ihrem Kind besprechen:

Recht am eigenen Bild Die eigenen Rechte zu kennen, auch das gehört zu wichtigen Kompetenzen für die Zukunft. Aus der E-Mail einer Mutter:

»In der Klasse meines Sohnes haben einige Kinder ein eigenes Smartphone. Immer wieder erzählt mein Sohn, dass die anderen ihn fotografieren. Mir ist das nicht recht, weil ich nicht weiß, was die anderen damit machen. Kann ich etwas dagegen unternehmen?«

Für die Mutter gibt es nur einen hilfreichen Rat: sich mit den Eltern der anderen Kinder auszutauschen und klarzumachen, dass ihr Kind nicht fotografiert werden soll. Das kann auch im Rahmen eines Elternabends in der Schule geschehen.

Kinder, die nicht von anderen fotografiert werden möchten, sollten das auch selbst genauso kundtun, sofern sie sich trauen. Natürlich dürfen sie bestimmen, wer Fotos von ihnen macht. Umgekehrt bedeutet das aber auch, andere vorab zu fragen, bevor man sie fotografiert oder filmt. Denn sobald Bilder oder Videos irgendwo hochgeladen werden, dürfen diese Bilder ohne Zustimmung nicht einfach verwendet werden. Das Landgericht Frankfurt am Main hatte im Mai 2015 klargestellt, dass das Recht am eigenen Bild explizit auch für Messenger wie WhatsApp gilt.

Genau genommen müssten bei jüngeren Kindern sogar die Eltern ihr Einverständnis geben, das regelt das allgemeine Persönlichkeitsrecht. Es schützt den höchstpersönlichen Lebensbereich, auch bei Kindern. Sind Kinder vierzehn Jahre und älter, geht man davon aus, dass sie Einsichtsfähigkeit besitzen und selbst entscheiden können. Laut Datenschutz-Grundverordnung liegt die Grenze bei sechzehn Jahren. Erst dann können Kinder ohne die Erziehungsberechtigten entscheiden, ob ein Foto von ihnen verwendet werden darf. Immer bleibt allerdings: Kinder müssen gefragt werden – Erwachsene übrigens auch. Das gilt jedoch nicht für Bilder oder Videos, auf denen man kaum Gesichter wahrnimmt, weil es sich um eine Menschenansammlung in der Fußgängerzone handelt oder auf anderen öffentlichen Plätzen mit vielen Menschen. Aber für andere Bereiche eben schon.

Kinder sollten früh dafür sensibilisiert werden, dass sie diese Entscheidung treffen dürfen und auch »Nein« sagen können, wenn andere Kinder sie gegen ihren Willen fotografieren. Vielleicht ist dem Kind das Foto ja auch peinlich?

Wenn Kinder wahrnehmen, welche Fotos ihnen unangenehm sind, stärkt das ihre Sensibilität im Hinblick auf Fotos, die sie möglicherweise selbst von anderen machen.

Wenn Sie also das nächste Mal mit Ihrem Kind die Smartphone-Fotos durchstöbern und Ihr Kind ein Foto entdeckt, das es als peinlich empfindet: Löschen Sie es nicht sofort. Nehmen Sie das als Anlass, um über peinliche Bilder zu sprechen. Bittet Ihr Kind Sie, das Foto vom Smartphone zu entfernen, gehen Sie mit gutem Beispiel voran und tun Sie das auch.

Übrigens: Fotos, die auf dem Smartphone gelöscht werden und nie auf eine Plattform und/oder sozialen Netzwerk hochgeladen wurden, sind verschwunden. Fotos, die im Internet gepostet werden und dann erst gelöscht werden, könnten gegebenenfalls schon weiterverbreitet und dadurch nie mehr löschbar sein. Auch sind die Bilder natürlich beim jeweiligen Anbieter, zum Beispiel Facebook oder Instagram, trotzdem noch auf dem Server.

Urheberrecht Das Urheberrecht ist das Recht des Urhebers. Wir als Autorinnen halten zum Beispiel das Urheberrecht an diesem Buch, das Sie gerade lesen. Aber auch eine Zeichnung, ein Foto, Grafiken, Logos und komponierte Musik zählen als Werk. Über die Google-Bildersuche etwas herunterzuladen und dies dann zum Beispiel bei Instagram zu posten, ist ohne das Einverständnis des Urhebers nicht erlaubt. Grundsätzlich sollten Kinder dafür sensibilisiert sein, dass sie nur Bilder nutzen dürfen, die auch zur Nutzung freigegeben sind. Spätestens wenn Ihr Kind zur Schule geht, wird es irgendwann Bilder für ein Referat aus dem Netz benötigen, um sie in eine Präsentation einzufügen oder auszudrucken.

Diese Gelegenheit können Sie nutzen, um direkt in der Bildersuche die CC- (Creative Commons-)Einstellung zu aktivieren oder Ihr Kind mit einer der lizenzfreien Datenbanken bekannt zu machen, deren Bilder genutzt werden dürfen. Dazu gehören zum Beispiel »pixabay«, »unsplash«, »gratisography«, »freerange« – um nur ein paar zu nennen. So lernt Ihr Kind nebenher einen verantwortungsvollen Umgang mit digitalen Bildern.

Tonaufnahmen Auch bei Tonaufnahmen gilt: Sie brauchen immer ein Einverständnis. Auch wer heimlich Gespräche aufzeichnet, kann sich strafbar machen.

Musiknutzung Die Musik von anderen darf nicht einfach so genutzt werden, denn Musik ist in der Regel nicht lizenzfrei. Hinzu kommt, dass der Komponist hierfür auch das Urheberrecht hält. Wenn Kinder also eigene Videos erstellen und sie im Schnitt mit ihrer Lieblings-Musik aus den Charts unterlegen möchten, kann das ziemlich teuer werden. Wir empfehlen, die Musik zu nutzen, die auf dem Schnittprogramm der jeweiligen Geräte angeboten wird. Alternativ gibt es aber auch Seiten wie jamendo.com oder audiyou.de für lizenzfreie Musik zum Download. Wichtig ist, dass vor der Nutzung immer das Kleingedruckte gelesen wird: Passt meine Nutzung zur Erlaubnis des Komponisten?

Cybergrooming Wenn Personen Minderjährige über Apps, soziale Netzwerke oder Onlinegames kontaktieren und versuchen, sie zu einer sexuellen Handlung zu animieren oder Nacktbilder zu tauschen, ist das in Deutschland laut § 176a Abs. 1 Nr. 3 und § 176b Abs. 1 Strafgesetzbuch als besondere Begehungsform des sexuellen Missbrauchs verboten. Auch in Österreich ist Cybergrooming gemäß § 208a Anbahnung von Sexualkontakten zu Unmündigen strafbar. In der Schweiz ist für 2022 die Revision des Sexualstrafrechts im Parlament geplant, es dürfte hier vermutlich zu einer Verschärfung hinsichtlich der Strafbarkeit von Cybergrooming kommen. Mehr zum Thema Cybergrooming lesen Sie im Kapitel *Netzphänomene* – dort erfahren Sie auch, wie man Cybergrooming zur Anzeige bringt.

Dick Pics Kinder und Jugendliche werden in sozialen Netzwerken leider manchmal mit Penisfotos konfrontiert, sogenannte Dick Pics, die über die Direktnachrichten verschickt werden. Diejenigen, die das tun, tun das mehrfach und auch bei anderen. Hier greift § 184 Abs. 1 Nr. 6 über die »Verbreitung pornografischer Schriften« aus dem Strafgesetzbuch. Hat Ihr Kind also ein pornografisches Bild geschickt bekommen, sollten Sie damit unbedingt zur Polizei gehen.

Cybermobbing Cybermobbing ist entgegen vielen Meinungen nicht strafbar. Allerdings gibt es Strafbestände, die beim Cybermobbing auftreten können. Und die sind dann sehr wohl strafbar. Dazu gehören üble Nachrede, Beleidigung oder Verleumdung. Auch die unerlaubte Veröffentlichung oder Weitergabe von Aufnahmen aus dem höchstpersönlichen Lebensbereich ist nach § 201 Strafgesetzbuch strafbar. Lesen Sie dazu auch den entsprechenden Abschnitt im Kapitel *Netzphänomene*. Mehr Informationen erhalten Kinder und Jugendliche auch auf den Internetseiten polizeifürdich.de oder rechtrelaxed.de.

Kinderfotos im Netz

> Als ich vor sechs Jahren meinen Familienblog MiniMenschlein gestartet habe, war mir nicht bewusst, in welchem Ausmaß Kinderbilder abgegriffen und missbraucht werden. Heute ist mir das klar. Mittlerweile habe ich mich mit der Frage auseinandergesetzt: »Will ich wirklich, dass mein Kind einen digitalen Fußabdruck hinterlässt, ehe es selbst darüber entscheiden kann?« Und so hat sich mein Familienblog über die Jahre verändert. Statt privater Informationen und Fotos zeige ich jetzt Bastel- und Rezeptideen.
> *Leonie*

Wenn Sie selbst soziale Netzwerke nutzen, haben Sie sich vielleicht auch schon die Frage gestellt, ob Sie Ihr Kind im Netz zeigen und Fotos posten möchten. Jedes gepostete Foto von einem Kind kann missbraucht werden. Das können Bilder sein, die im WhatsApp-Profilfoto oder im WhatsApp-Status von allen abfotografiert oder gespeichert werden, die die eigene Telefonnummer kennen – und das sind ja in der Regel mehr als nur Freunde, manchmal gibt man ja auch Dienstleistern mal eben die Handynummer. Das können aber auch Bilder bei Facebook oder Instagram sein, wo wir ehrlicherweise auch keinen echten Überblick über unsere Freunde oder Abonnenten haben.

Was Eltern wissen sollten

Die eigenen Kinder im Netz zu posten, ist für viele einfach eine Form der Erinnerung, die man schafft. Durch die Community und die Kommentarfunktion kann Austausch ermöglicht und Alltag geteilt werden.

Familien, die hauptberuflich Youtuber oder Influencer sind und ihre Kinder zeigen, sind teils scharfer Kritik ausgesetzt. Viel zu gefährlich sei das Zeigen, sagen die Kritiker, weil jedes Bild einem Pädosexuellen in die Hände spiele. Steigt man tiefer in das Thema ein, zeigt sich: Diese Kritik ist berechtigt. Wie die Täter vorgehen, um möglichst viele Kinderbilder aus dem Netz abzugreifen, um sie auf einschlägigen Seiten wieder hochzuladen, zeigt auf erschütternde Weise die ARD-Reportage »Kinderfotos im Netz: Gepostet. Geklaut. Missbraucht«. Sie ist über den Youtube-Kanal der ARD Mediathek auffindbar.

Nun kann man meinen: »Dann sollten die Eltern eben nichts posten, das schützt ihre Kinder«, und hätte gewissermaßen sogar recht. Oder aber man findet: »Aber das geht doch nicht, ein Internet ohne Familien und Kinder wäre ein ganz schreckliches Internet«, und läge auch damit nicht falsch. Denn das Netz ist ein Abbild unserer Gesellschaft, Familie muss auch dort stattfinden dürfen. Die Frage ist nur: Wie?

Das Deutsche Kinderhilfswerk sagt: Es ist okay, Alltagsmomente mit Kindern festzuhalten. Und es ist auch okay, diese Fotos mit anderen zu teilen. Vorausgesetzt, die Rechte von Kindern auf Privatsphäre, Schutz und Beteiligung werden hierbei nicht verletzt. In der Kampagne #DenkenFragenPosten regt das Kinderhilfswerk an, erst zu überlegen, dann das Kind zu fragen, also einzubeziehen, und dann erst das entsprechende Foto zu posten. Der Missbrauchsbeauftragte des Bundes warnt[36] hingegen auch vor unverfänglichen und nicht sexualisierten Kinderfotos, weil es diese auf Darknet-Plattformen wie die – mittlerweile zerschlagenen – Seiten »Elysium« oder »Boystown« geschafft hatten. So seien dann die Bilder des eigenen Kindes auf Seiten, in denen schwerster Kindesmissbrauch gezeigt und kinderpornografisches Material ausgetauscht wird. Bilder aus der Kategorie »no nude« dienten dabei häufig als »Vorlage für Fantasien und werden entsprechend kommentiert«. Unter den Kommentaren fanden sich zum Beispiel Angaben zum Wohnort des Kindes oder die verlinkten Social-Media-Profile der Eltern.

Wenn private Informationen, Standorte, Fotos und Texte veröffentlicht werden, kann auch ein Datengebilde um die Kinder entstehen. Obwohl es einen klaren Rechtsrahmen aus Grundrechten, dem Recht am eigenen Bild, Datenschutz, Urheberrecht und dem Bürgerlichen Gesetzbuch gibt, überschreiten wenige Eltern moralische oder rechtliche Grenzen. Häufig sind das übrigens auch Texte. Teilweise enthalten selbst Bildunterschriften vulnerable Daten über das Kind. Das erste Mal auf dem Töpfchen oder der erste Windelunfall sollten weder als Text noch als Bild geteilt werden.

Wir wollen uns aber auch die Sicht der Befürwortenden ansehen, die finden, Kinder seien Teil des Lebens, Kinder sollten also auch Teil von Social Media sein. Den Eltern dürfe kein Vorwurf gemacht werden, vielmehr müssten diejenigen bestraft werden, die die Fotos missbrauchten. Außerdem sei der Austausch über Familienthemen in den sozialen Netzwerken durchaus wichtig. Insbesondere das erste Jahr mit Baby könne mitunter sehr einsam sein. Das können wir sehr gut nachfühlen. Familien heute leben meist nicht mehr mit vielen Generationen unter einem Dach, die Verwandten oder auch die eigenen Eltern sind nicht in der Nähe, also gefühlt nicht Ansprechpartner. Junge Mütter und Väter sind mehr und mehr auf sich allein gestellt. Im

Internet finden Eltern Gleichgesinnte und können sich auf Apps wie Instagram zu wichtigen Themen austauschen. Im Netz gibt es diese Community, die in einer ähnlichen Situation wie sie steckt, die ihre Sorgen und Ängste teilt. Dann steht Social Media für Austausch, und Austausch bedeutet Hilfe. Und hier gehören Kinder und somit auch Kinderfotos dazu, sagen die Befürworter, denn ein Internet ohne Kinder wäre schrecklich.

Kinderfotos in den sozialen Netzwerken können auch Teil von Aufklärungsarbeit sein, zum Beispiel bei Eltern von Kindern mit Beeinträchtigungen. Hier geht es um den Aspekt der Inklusion und das Zeigen: Seht her, auch das gehört zu unserer Gesellschaft dazu.

Es ist also gar nicht so einfach, hier den eigenen und für sich richtigen Weg zu finden. Wir kennen in unserem persönlichen Umfeld Familien, bei denen wir verstehen, dass die Kinder auch im Netz gezeigt werden. Dann ist es umso wichtiger, sehr umsichtig damit umzugehen und auf peinliche und intime Fotos zu verzichten. Außerdem sollten die Kinderrechte gewahrt werden, wenn es um Fotos von schlafenden, verschmutzten, versabberten oder mit Essen beschmierten Kindern geht. Ein No-Go sind auch Kinder in Notsituationen, im Krankenhaus, im Krankenbett oder beim Arzt. Und wirklich vorsichtig sollten Eltern bei Fotos von ihren Kindern in Badebekleidung, am Strand oder Pool oder in der Badewanne sein. Dies gilt auch für Videos. Wir kennen selbst leider unzählige Clips bei TikTok, die weinende, wütende oder verängstigte Kinder zeigen.

Familie darf auch im Netz stattfinden. Sie muss auch im Digitalen sichtbar sein! Dazu braucht es allerdings nicht zwingend Kinderfotos. Und bei sozialen Netzwerken muss man zudem wissen: Wenn Fotos bei Instagram oder Facebook gepostet werden, räumen wir laut Allgemeinen Geschäftsbedingungen den Anbietern die Nutzungsrechte hierfür ein. Faktisch bedeutet keine Fotos der Kinder also in jedem Falle mehr Schutz.

Was dürfen Eltern gesetzlich im Hinblick auf Kinderfotos?

- Das Recht am eigenen Bild schützt den höchstpersönlichen Lebensbereich von uns allen. Bei Kindern aber wird dieses Recht in aller Regel durch die Erziehungsberechtigten wahrgenommen.
- Das Bürgerliche Gesetzbuch sagt: Kinder bis sieben Jahre gelten als geschäftsunfähig (§ 104 BGB). Sie können also die Tragweite ihrer Entscheidungen noch nicht abschätzen, das tun die Erziehungsberechtigten für sie. Ist das Kind älter als sieben Jahre, also zwischen acht und siebzehn Jahren, gilt es nach § 106 BGB als eingeschränkt geschäftsfähig: Die Erziehungsberechtigten entscheiden mit dem Kind gemeinsam, die Entscheidungsgewalt wird geteilt.
- Man geht aber auch davon aus, dass Kinder mit vierzehn Jahren Einsichtsfähigkeit besitzen und dann selbst entscheiden können.
- Laut Datenschutz-Grundverordnung liegt die Grenze bei einem Alter ab sechzehn Jahren. Spätestens dann müssen Kinder gefragt werden, ob das Bild von ihnen öffentlich gepostet werden darf.

Begleiten statt verbieten – Was heißt das nun?

Unsere Kinder wachsen in einem digitalisierten Raum auf. Deshalb benötigen sie künftig andere Kompetenzen als die von Schule und Elternhaus bisher vermittelten. Die Digitalisierung unserer Lebens- und Arbeitswelt wird nicht nur bleiben, sondern auch voranschreiten. Wir als Eltern dürfen unsere Kinder in diesem Raum begleiten und sind auch dort für ihre Sicherheit verantwortlich.

Das Fundament: Digitale Kompetenzen, die jede(r) braucht

Nötig sind fundamentale digitale Basiskompetenzen, die jedes Kind wissen und anwenden können sollte. Eine Form von digitaler Grundbildung, wie es Rechnen, Lesen und Schreiben auch sind. Zu dieser Grundbildung, die jedes Kind mit Smartphone haben sollte, gehören:

- Das Wissen um die eigenen Daten im Netz und ein Grundverständnis dafür, was nicht öffentlich geteilt werden sollte.
- Die Kompetenz, Falschnachrichten zu erkennen und die Kenntnis von Deepfakes.
- Ein gesundes Misstrauen gegenüber dem Kontakt zu Fremden im Netz und die Kenntnis von Phänomenen wie Cybergrooming.

- Eine generelle Kenntnis möglicher Stolpersteine im Netz, wie wir sie in Teil II dieses Buches erklärt haben.
- Grundwissen darüber, was rechtlich in Ordnung ist, und ein Umgang im Netz, wie man ihn auch im analogen Raum lebt.
- Ein Verständnis für Werbemechanismen und Arbeitsweisen von Influencern.
- Die Fähigkeit zum Hinterfragen dessen, was sie selbst digital erleben und sehen, auch hinsichtlich Körperbildern und Filtern.
- Das Wissen um Hilfe im Netz, wenn Kinder gravierende Schwierigkeiten haben, oder die Festlegung eines Notfallkontaktes, der Helfer für das Kind bei digitalen Fragen ist. Wenn das nicht die Eltern sein können, sind natürlich auch Tanten, Onkel, wesentlich ältere Geschwisterkinder oder Freunde der Eltern denkbar. Wichtig ist, dass das Kind weiß, an wen es sich wenden kann, wenn es im Netz ein Problem hat.
- Die Erkenntnis, dass digitale Geräte viel mehr als nur Konsum bedeuten und uns zu Gestaltern machen.

Auch Kinder im Vorschulalter begreifen, dass digitale Geräte nicht nur für »was gucken« oder »was spielen« stehen, sondern sie mit ihnen tolle Dinge gestalten können. Dazu gehören auch unsere Ideen aus Teil I, wie zum Beispiel Stop-Motion-Videos. Wissen sollten die Allerkleinsten auch, wie sie etwas am Gerät beenden, wenn es sich nicht mehr gut oder zu aufregend anfühlt. Der Home-Button darf hier als Notfallknopf zum Einsatz kommen. Auch das »x« für das Schließen eines Videos oder Beenden einer Anwendung sollten Kinder kennen, sobald sie digitale Geräte nutzen.

Individuelle Interessen und digitale Hobbys Je älter Kinder werden, desto mehr Skills gibt es, die wir unterstützen können, wenn unsere Kinder Interesse daran zeigen. Ihre individuellen Talente dürfen im digitalen Bereich ebenso eine Rolle spielen wie auch sonst in der Freizeit. Welche Talente das sind, können wir schnell herausfinden, denn wir müssen dabei nur auf unsere Kinder schauen. Bei den Hobbys machen wir das schon immer. Liebt mein Sohn Fußball, melde ich ihn im Sportverein an. Will er lieber Klavier spielen und ist musikalisch, melde ich ihn zum Klavierunterricht an. Kein Elternteil würde jemals sagen: Du willst Klavier spielen? Super, dann melden wir dich beim Fußball an. Bemerken wir also ein großes Interesse oder gar Talent bei einer Kompetenz wie Programmieren, dann dürfen Sie das unbedingt unterstützen. Das gilt natürlich auch für die Erstellung von Podcasts, Grafiken, E-Books, Blogs, Hörbüchern oder Padlets. Wir dürfen uns hier unbedingt auf das Abenteuer einlassen, gemeinsam auf Entdeckungsreise gehen, ausprobieren und gestalten. Denn »einfach machen« funktioniert nicht nur beim Basteln, in der Natur oder im Kinderzimmer – das klappt auch bei digitalen Kompetenzen.

Bloß kein Lehrplan für zu Hause! Medienerziehung und digitale Bildung zu Hause bedeuten nicht, dass wir einen starren Lehrplan erstellen müssen. Wir sind ja schließlich nicht in der Schule. Auch die Schulen tragen allerdings eine große Verantwortung. Aber machen wir uns nichts vor: In unserem Schulsystem ist digitale Grundbildung nicht flächendeckend angekommen. Außerdem werden individuelle Interessen häufig viel zu wenig berücksichtigt. Seit Jahrzehnten wird alles für alle gelehrt. Egal, ob ein Kind da mitkommt und ganz gleich, wo seine Talente liegen. Gesetzt ist zum Beispiel, dass in der Schule alle Kinder bis zum letzten Schuljahr am Matheunterricht teilnehmen.

Selbstverständlich benötigen alle Kinder gleichermaßen eine wichtige Grund- und Allgemeinbildung. Kompetenzen des sozialen Miteinanders, des Umgangs mit anderen, Verständnis, das Lernen aus Fehlern – all das brauchen wir, und all das erfahren Kinder auch in der Schule. Wenn wir uns etwas wünschen dürften, dann, dass digitale Grundkompetenzen ab Klasse 1 zum festen Lerninhalt in Schulen werden und Kitas Medientage einführen. Denn nur in diesen Institutionen erreichen wir letztlich alle Kinder.

Solange dies jedoch noch nicht überall der Fall ist, ist die Verantwortung der Eltern umso größer. Wir hoffen, dass dieses Buch helfen kann, diese große Aufgabe mit viel Freude und Kreativität anzugehen, ohne zu Hause einem Lehrplan zu folgen, wie die Schulen es tun.

Freiräume und Vertrauen Kinder digital zu begleiten bedeutet nicht, ihnen alles zu erlauben – aber auch nicht, ihnen alles zu verbieten oder jeden Schritt in der Onlinewelt zu kontrollieren. Die Kunst ist, eine Mischung zu schaffen: aus begleitender Beobachtung und einem sicheren Rahmen, in dem Kinder auch Vertrauensräume haben und sich frei bewegen können. Das ist in der digitalen Erziehung eine echte Herausforderung und bedeutet immer wieder neues Aushandeln und Abwägen, wie in vielen anderen erzieherischen Bereichen auch.

Unserer Überzeugung nach brauchen Kinder Begleitung in die Welt der Digitalität, ohne komplett und umfassend kontrolliert zu werden. Wenn sie sich immer nur in einer elterlich gefilterten Digitalitätsblase bewegen, wird sie die Realität irgendwann hart treffen. Dann wird es schwierig, damit umzugehen. Entlassen Sie Ihre Kinder also – wie in anderen Bereichen auch – immer weiter in die Selbstständigkeit, also in die digitale Mündigkeit. Das kann bedeuten, dass auch mal etwas schiefgeht. Aber wenn Kinder dann wissen, wie sie reagieren und an wen sie sich wenden können, haben sie wirklich medienkompetente Kinder. Kinder, die digitale Medien nicht nur verantwortungsvoll nutzen, sondern auch kreativ und problemlösend einsetzen können. Das ist es, was Kinder brauchen.

Los geht's! Zu Hause ist Platz für gemeinsame Entdeckungen, Spiel, Vertrauen, Zusammenhalt. An diesem einen Ort kommen viele Bedürfnisse zusammen. Und unsere Kinder haben auch digitale Bedürfnisse. Ihre Lebensrealität unterscheidet sich in Teilen gänzlich von unserer. Wir können jede Menge von ihnen lernen, in ihre Welt eintauchen, offen dafür sein, darüber sprechen, mitspielen. Geben wir dem für uns Neuen also eine Chance. Ermöglichen wir unseren Kindern, auch online mitzumachen und mitzugestalten. Nehmen wir Gefahren und Risiken ernst und besprechen sie mit unseren Kindern. Schützen wir sie auch im Netz, indem wir sichere Accounts einrichten. Ansonsten hilft, wie bei allen Themen in der Erziehung: einfach füreinander da sein.

Wunschlos glücklich sind wir dann aber noch nicht. Denn nicht alle Eltern werden dieses Buch lesen und die Impulse für sich mitnehmen. Deshalb ist uns ein Herzensanliegen, dass viele der neuen Kompetenzen flächendeckend vermittelt werden.

Digitalität in der Schule Unsere Schulen könnten wunderbar von der Digitalisierung profitieren! Diese ermöglicht zum Beispiel schon jetzt lösungsorientiertes Lernen und individuelle Förderung von einzelnen Kindern mit spezieller Software.

Wir glauben an die Schulgemeinschaft. Nichts ersetzt all die wichtigen sozialen Erlebnisse im schulischen Kontext – auch Digitalisierung kann das nicht. Sie kann aber Erleichterung schaffen: neue Lernräume statt fester Klassenzimmer ermöglichen und kreatives Arbeiten. Es braucht nur etwas mehr Mut. Und Tempo. Flächendeckend scheint beides nicht in Sicht, wenngleich es bereits herausragende Modellschulen gibt.

Auch die Kindertagesstätten sind meist noch zurückhaltend bei digitaler Bildung, weil viele Eltern fürchten, dass Bildschirmzeiten schaden und das analoge Spiel vernachlässigt wird. Aber das lässt sich planen und punktuell einsetzen. Viele Kinder verbringen schon in sehr jungen Jahren Zeit an Tablets, dann darf ihnen doch auch beigebracht werden, was man Tolles damit machen kann. Oder wo sie besonders umsichtig sein sollten.

Drehen wir den Spieß also um. Regen wir die Themen beim Elternabend, der Kita- oder Schulleitung an. Entdecken wir gemeinsam mit unseren Kindern die Vor- und Nachteile von Digitalität. Und erinnern wir uns noch einmal daran: Ordnen wir die Buchstaben, die im Begriff *Fehler* enthalten sind, neu an, wird daraus *Helfer*.

Und jetzt: Nutzen Sie unsere Ideen, wandeln Sie sie ab, schauen Sie sich an, was für Ihre Familie davon passt und machen Sie sich auf den Weg. Wenn Sie das nächste Mal Angst haben, weil Ihr Kind ein gewisses Spiel spielen möchte oder sich ein soziales Netzwerk runterlädt, denken Sie an unseren Leitsatz »Begleiten statt Verbieten« und schlagen Sie die entsprechenden Seiten in diesem Buch zu Ihren akuten Gedanken nach.

Treffen Sie außerdem ein paar Maßnahmen, die mehr Schutz bedeuten können – Listen finden Sie in den einzelnen Kapiteln und zusammenfassend auch am Ende des Buches. Ja, wir wiederholen uns, aber dieser Schutz funktioniert immer nur im Zusammenspiel mit Aufklärung. Vertrauen ist gut, Dialog ist besser. Viel Spaß Ihnen beim Begleiten statt Verbieten, Sie werden Großartiges entdecken!

Endlich Durchblick: Lernbegleitende Tools und gute Spiele-Apps für Kids

Nicht nur die Vermittlung digitaler Kompetenzen, sondern auch das Lernen mit digitaler Unterstützung ist in Deutschland – sagen wir – ausbaufähig. Das wissen wir spätestens seit der Corona-Pandemie. Sie hat uns von heute auf morgen dazu gezwungen, uns auf den Weg zu machen, loszugehen und zu gucken, welche Möglichkeiten es gibt. Viele Erkenntnisse und Erfahrungen dieser Zeit lassen sich grundsätzlich sinnvoll für das Lernen zu Hause nutzen. Es hat und wird immer Situationen geben, in denen Sie Ihr Kind zu Hause beim Lernen und Üben begleiten. Und auch, wenn die Pandemie für viele Familien äußerst belastend war und ist, so ist sie auch ein Motor für Veränderungen und zeigt uns, wo digitales Lernpotenzial steckt. Das können wir nutzen.

Wenn Sie Schulkinder haben, kennen Sie diese Situationen: eine Klassenarbeit oder Klausur steht an, Vokabeln sollen gelernt werden oder Ihr Kind hat den in der Schule vermittelten Lernstoff noch nicht verstanden. Leider ist unser Schulsystem in vielen Fällen nicht darauf ausgelegt, alle Kinder individuell gemäß ihres Lernstands mitzunehmen. Eigentlich sollte das so sein, die Realität ist jedoch eine andere. Sie werden also vermutlich zu Hause immer wieder in – vielleicht auch konfrontative – Situationen mit Ihrem Kind kommen, in denen Sie es zum Lernen, Wiederholen und Üben anregen möchten und Ihr Kind von dieser Idee wenig bis gar nicht begeistert ist.

Natürlich gibt es keinen digitalen Zauberstab, der diese Situationen magisch auflöst und in friedliche, nachhaltige Lernprozesse verwandelt. Aber Apps, digitale Tools und Plattformen können helfen, Sie und Ihr Kind in solchen Situationen zu entlasten. Allein das darf schon als Mehrwert betrachtet werden. Zudem bieten digitale Medien in bestimmten Situationen, wie zum Beispiel beim Vokabellernen, echte Hilfe, weil Lernprozesse vereinfacht gestaltet sind. Sie haben das Potenzial, aus einer öden Lernaufgabe ein gemeinsames Familienquiz mit Spaßfaktor zu machen. Sowohl in der Schule als auch zu Hause gilt: Digitale Lernszenarien sind häufig motivierender für Kinder und Jugendliche – und das können wir nutzen.

Nachfolgend geben wir Ihnen ein paar Tipps an die Hand, die sich im schulischen Kontext bewährt haben, aber auch zu Hause genutzt werden können. Wir empfehlen fächerübergreifende Anwendungen, Webseiten oder Tools, geben Anregungen für einzelne Schulfächer und schließen mit vielen Tipps rund um Apps, Onlinemagazine und Podcasts für Kinder und Jugendliche.

Fächerübergreifende Lern-Apps

Anton: Anton ist eine kostenlose Lern-App mit Inhalten der Fächer Deutsch, Mathematik, Englisch, Biologie, Sachunterricht, Geschichte, Musik und Deutsch als Zweitsprache. Sie ist motivierend gestaltet und auch schon für das Grundschulalter geeignet.

Simple Club: Die Simple-Club-App bietet viele Erklärvideos und Übungen zu unterschiedlichsten Themen verschiedenster Fächer. Zudem können gezielt Lernpläne zum Üben für Klassenarbeiten erstellt werden. Der Sprachgebrauch mag für Eltern vielleicht etwas gewöhnungsbedürftig sein, holt Kinder und Jugendliche aber genau dadurch in ihrer Lebenswelt ab. Das macht die teils spröden Inhalte nahbarer.

Learningsnacks: Auf dieser Lernplattform finden sich kleine Lern-Häppchen zu verschiedenen Themen und Fächern. Sie sind im Frage-Antwort-Stil gestaltet und werden wie in einem Chat abgefragt. Hier lassen sich vorhandene »Snacks« nutzen oder eigene erstellen.

Kahoot.com: Kahoot ist eine norwegische Quizplattform in überwiegend englischer Sprache. Mittlerweile gibt es dort jedoch auch viele deutsche Spiele zu unterschiedlichsten Themen. Das Spiel wird von einem Gerät gestartet, dann wird allerdings pro Spielerin ein weiteres Endgerät erforderlich. Auch hier können eigenständig Spiele erstellt werden und alle Familienmitglieder können gegeneinander antreten – Spieleabend digital! Eins unserer Kinder tritt hier zum Beispiel leidenschaftlich gerne in Harry-Potter-Kahoots gegen seine Mutter an.

Mindmeister/Popplet/Wisemapping/Mindomo etc.: Sollte Ihr Kind ein sehr visueller Lerntyp sein, hilft es häufig, sich Lernstoff in einer Mindmap zu strukturieren. Dies geht auch mit Stift und Papier. Digitale Mindmaps haben aber den Vorteil, dass sie immer wieder neu organisiert und erweitert werden können. Ihr Kind kann, beispielsweise, während es für den Deutschunterricht ein Buch liest, eine Mindmap mit den wichtigsten Charakteren anlegen und diese im Laufe des Lesens immer weiter ausbauen.

Flinga: Flinga ist ein kollaboratives Tool, das heißt, hier können gemeinsam mit anderen Mindmaps erstellt oder auch auf einer Oberfläche Ideen und Fragen zusammengetragen werden. Flinga kann also zum Beispiel auch zum gemeinsamen Lernen mit Freunden genutzt werden und man kann sich zusammen Lernübersichten erstellen.

Schlaukopf: Hier handelt es sich um eine kostenlose (allerdings werbefinanzierte) Lernplattform oder auch App, mit der man seinen Wissensstand zu verschiedensten Themen und Fächern per Onlineabfrage überprüfen kann.

Lern-Apps für Fremdsprachen

Beim Lernen von Vokabeln wird der Mehrwert des digitalen Lernens besonders deutlich. Auch wenn es Sinn ergibt, Vokabeln tatsächlich mit der Hand einmal abzuschreiben, da sich unser Gehirn sie dann besser einprägt, können beim anschließenden Lernen digitale Tools zum Einsatz kommen – diese haben den unschätzbaren Vorteil, dass man die Aussprache der Vokabeln noch einmal hört – denn seien wir ehrlich: Wer kann schon die Lautschrift in den eckigen Klammern hinter den Vokabeln wirklich entziffern? – und die Vokabeln durch einen Algorithmus je nach Lernfortschritt sortiert werden.

Anki (kostenfrei): Anki kann hervorragend zum Lernen von Vokabeln, aber auch für andere Inhalte genutzt werden, da diese einmal selbst eingefügt werden müssen. Von besonderem Vorteil ist hier der Abfrage-Algorithmus, der das Langzeitgedächtnis trainiert (und Sie müssen keine Vokabeln mehr abfragen!).

Phase 6 (kostenpflichtig): Bei Phase 6 können die Vokabeln in der kostenpflichtigen Variante direkt aus dem jeweiligen Lehrbuch importiert und müssen nicht noch einmal eingegeben werden. Auch hier wird das Langzeitgedächtnis durch den Abfragemechanismus trainiert.

Quizlet: Besonders schwierige Vokabeln können hier auf digitale Karteikarten geschrieben und vom Programm mit verschiedenen Spielen und Tests noch einmal abgefragt werden. Dieses spielerische Lernen kann recht erfolgreich aus einem Motivationstief helfen.

Ego4u: Seite zum Englischlernen mit verschiedenen Übungen.

Duolingo: Eine Sprachlern-App mit Spaßfaktor, die besonders jüngeren Kindern zu Beginn der weiterführenden Schule meist viel Freude bereitet.

Lern-Apps begleitend zum Deutschunterricht

Antolin: Neben Anton ist Antolin sicherlich das beliebteste digitale Medium im Fach Deutsch. Hat die Schule eine Schullizenz, kann man sich kostenfrei einloggen und zu gelesenen Büchern Fragen beantworten und Punkte sammeln.

Galaxie der 4 Fälle: Eine auf ein sehr begrenztes Themengebiet der Grammatik spezialisierte App, das sich damit üben lässt.

Lern Deutsch – Stadt der Wörter: Eine tolle App des Goethe-Instituts für Kinder, die Deutsch als Fremdsprache lernen.

Grammatik Duell: Geeignet für jüngere Schülerinnen und Schüler (bis circa Klasse 6) zum Wiederholen zentraler Grammatikthemen.

Lern-Apps begleitend zum Matheunterricht

Bettermarks.de (kostenpflichtig): Eine mehrfach prämierte Online-Lernplattform für Mathematik für die Klassen 4 bis 10, die ein sehr individuelles Lernen ermöglicht. Bettermarks hat es sich zum Ziel gemacht, Kindern und Jugendlichen die Möglichkeit zu geben, aus ihren Fehlern zu lernen und somit gezielt an ihren Schwächen zu arbeiten.

COOLLAMA: Ein digitales Matheportal für die Grundschule mit vielen motivierenden Mathespielen. Als Belohnung winken viele versteckte Buttons mit Rätseln, Achtsamkeitsübungen, Ausmalbildern oder eben auch ein pupsendes Lama.

Die Lern-Coaches Lisa Reinheimer (@klassenheld) und Caroline von St. Ange (@learnlearning.withcaroline) geben bei Instagram Eltern-Tipps rund um motivierendes und kindgerechtes Lernen. Caroline hat uns zum Beispiel mit einigen Homeschooling-Ideen durch diverse Lockdowns geführt, die bis heute Anwendung bei uns zu Hause finden. Zum Beispiel Plus-Aufgaben, die wir an die Fenster statt auf Papier schreiben, nach dem Motto: »wenn im Heft nichts mehr geht« oder Rechnen mit Kastanien.

Lern-Apps begleitend zu Physik, Chemie und Biologie

Flora Incognita und PlantNet: Diese Apps sind keine klassischen Lern-Apps, helfen aber, Pflanzen im Wald oder heimischen Garten zu bestimmen und die biologische Umgebung zu erforschen.

PhysikWiki: Diese App enthält Übungen und Formeln, um Physik ab Klasse 7 besser zu verstehen.

leifiphysik.de: Ein von zwei Münchner Lehrkräften gegründetes Internetportal mit verschiedensten Themenseiten, die jeweils Grundwissen und Aufgaben für die Klassen 5 bis 13 enthalten.

intoMINT: Hier finden sich viele Anleitungen für spannende Experimente aus dem MINT-Bereich (Mathematik, Informatik, Naturwissenschaft, Technik), die auch zu Hause durchgeführt werden können.

Lern-App begleitend zu Geschichte

segu: Segu ist eine Lernplattform für offenen Geschichtsunterricht. Hier finden sich zahlreiche Lernmodule zu verschiedenen historischen Themen.

Lernen mit Youtube

Lehrer Schmidt: Hinter diesem Kanal steckt Kai Schmidt, der sich den Themen Mathe, Physik, Deutsch und Allgemeinbildung widmet.

simpleclub: simpleclub startete vor knapp zehn Jahren, findet sich bei Youtube und auch als App. Tausende von Videos und Zusammenfassungen für Kinder der Klassen 5 bis 13 helfen Lernenden, ihren Wissensdurst zu stillen.

schoolseasy: schoolseasy ist ein Nachhilfekanal von Miriam Müller. Neben Nachhilfe zu Deutsch, Mathe und Englisch gibt sie Tipps für Referate, motiviert, empfiehlt Apps, hat Ideen zum Lernen von Vokabeln und vieles mehr!

Die Merkhilfe: Die Merkhilfe bietet verschiedene Videos für nahezu alle Schulfächer ab Klasse 5.

Deutschstundeonline: Deutschstundeonline ist hilfreich für die Vorbereitung auf das Abitur. Hier werden Dramen, Lyrik und Epochen erklärt und Bücher, die im Schulunterricht gelesen werden, besprochen und analysiert.

Mathe by Daniel Jung: Der Mathe-Rockstar der Corona-Pandemie. Mit diesem Account werden auch komplexe mathematische Sachverhalte verständlich.

MrWissen2Go: Mirko Drotschmann erklärt alles, was man über das 18., 19. und 20. Jahrhundert und über die Gegenwart wissen sollte. Sehr nahbar, sehr informativ – auch für Erwachsene.

Maithink X: Der kreative, moderne, fachlich kompetente Wissenschaftskanal der Stunde. Mai Thi Nguyen-Kim nimmt sich verschiedene Phänomene vor und beleuchtet diese aus naturwissenschaftlicher Sicht.

brainfaqk: Wie funktioniert ein Computer? Und wie entsteht Schnee? Diesen und anderen Fragen wird hier auf den Grund gegangen. Nicht alle Playlists sind für Kids geeignet, manches wird kluge Köpfe aber sicher begeistern.

Schmecksplosion: Schmecksplosion vom SWR Kindernetz zeigt in tollen Kochvideos, was in anderen Ländern gegessen wird.

Spiele-Apps für jüngere Kinder

Streichelzoo: Eine interaktive Bilderbuch-App mit 21 animierten Tieren, die ganz unterschiedlich auf verschiedene Berührungen reagieren.

Kleines Kätzchen: Kätzchen allein zu Haus, dazu ein leeres Kinderzimmer voller Spielsachen und Dinge, die es zu entdecken gibt. Detailreich, nicht hektisch und kunterbunt.

Pony Style Box: Diese App ist ein Ponyhof! Rein in den Stall, Pferd waschen, striegeln und frisieren und am liebsten noch ein Foto vom Kunstwerk machen.

Kleiner Fuchs Tierarzt: Die Waldtiere sind krank, also besuchen sie die Klinik vom kleinen Fuchs. Im Wartezimmer sitzen Eule, Maulwurf, Fledermaus, Spinne, Igel und Hase schmerzerfüllt. Der Hase hat schlimmen Sonnenbrand, weil er sich nicht eingecremt hat. Und sogar mit Läusen kommt ein Tier vorbei. Die Aufgabe ist es, die Tiere zu versorgen.

FieteBastelversum: Die Jüngsten basteln mit Schere, Stift und Papier ihre Lieblings-Tiere und Sie laden das Gebastelte via Foto in die App. Die Kinder können dort jedem Tier ein Geräusch zuordnen und entscheiden, wo das Tier stehen soll: auf einem Bauernhof, in der Kita, im Weltall…

Kleine Bauarbeiter: Es gibt viel zu tun auf der Baustelle und davon gibt es hier gleich mehrere: Häuser müssen gestrichen, ein Dachstuhl aufgebaut, Gruben ausgehoben und Wände gemauert werden.

Kleine Feuerwehr: Eine tolle App für alle Feuerwehr-Fans mitten in einer Feuerwehr-Zentrale. Mit Rutschstange, Leitzentrale, Betten und Einsatzfahrzeugen. Beim Einsatz gilt es, ein Kätzchen zu retten oder einen Brand zu löschen, bevor es am Abend zurück in die Stockbetten geht.

ZDFtivi: Kindgerechter im Design könnte sie sein, inhaltlich hat sie aber viel im Angebot. Vom Kleinkind bis zum Grundschulkind gibt es verschiedene Sendungen. Inhalte für die jüngeren Kinder finden sich im Reiter »ZDFchen«.

Die Maus: Die Maus-App kann wirklich viel, leider aber nicht vollumfassend im Offlinemodus. Das ist ein bisschen schade. Ansonsten in gewohnter Maus-Manier schöne, nette, kurze Videos, Lach- und Sachgeschichten, kleine Spiele und Themen-Specials.

KiKANiNCHEN: Kind und KiKANiNCHEN gehen gemeinsam auf Entdeckungstour, hier und da öffnen sich kleine Spiele, die Kinder können ihre eigene Stimme einsprechen oder Tieren ihre Geräusche verleihen.

KiKA-Player: Absolut gute, durchdachte und intuitive App. Eltern können ein Profil fürs Kind anlegen, damit auch das Alter des Kindes berücksichtigt wird und nur entsprechende Inhalte angezeigt werden. Leider braucht die Nutzung eine Internetverbindung.

Der Elefant: Eine nett gemachte App, auch weil die einzelnen Schritte mit einer Kinderstimme unterlegt sind. Kinder müssen hier also nicht lesen können, alles wird über die Off-Stimme erklärt. Besonders schön ist das sogenannte Fantastiemobil. Hier malen die Kinder am Smartphone oder Tablet, Elefant und Hase machen dann einen Ausflug mit dem Kunstfahrzeug.

Janosch: Sanft und unaufgeregt wird die Geschichte von Bär und Tiger erzählt. Die Geräuschkulisse ist reduziert, die Vorlese-Geschichte hübsch bebildert.

Apps und Onlinemagazine für Grundschulkinder

ESAKids: Mit der Kinder-App der European Space Academy lernen Kinder spielerisch den Weltraum kennen. Das Wissensquiz ist für die ganze Familie spannend, Kinder können auf Missionen gehen, ein Raumfahrzeug bauen, auf Monden und Planeten landen oder Weltraumschrott sammeln. Erhältlich für iOS und Android.

Lazuli: Die Apps von Lazuli gibt es für verschiedene Altersstufen der Grundschule, um Mathematik und Gedächtnis zu trainieren. In der App Lazuli 4+ geht es spielerisch um Wahrnehmung, Geometrie, die Grundlagen von Zählen, Mengen und Gedächtnis. Hier dabeizubleiben macht unglaublich viel Spaß, nicht nur, weil der kleine, blaue Hund so niedlich ist.

Squirrel&Bär: Die Geschichte ist bilderbuchhaft erzählt, Squirrel und Bär müssen gemeinsam die Bienen retten. Dazu benötigen sie eine Heilpflanze. An dem Ort, an dem die Pflanze steht, wird allerdings nur Englisch gesprochen. Die App ist als Projekt zu sehen, man kann immer mal wieder reinschauen und weitermachen. In einer Art Stickeralbum werden alle gelernten Englisch-Vokabeln gespeichert.

Thinkrolls: Ein Logik-Rätsel für Kinder, um ganz nebenbei erste physikalische Gesetzmäßigkeiten zu erlernen. Im Elternbereich kann eingestellt werden, ob die App im leichten oder schwierigen Modus gespielt werden soll.

Mein Essen – Ernährung für Kinder: Du bist, was du isst. In der App »Mein Essen« für Vorschulkinder geht es ums Essen. Was haben wir auf unseren Tellern, woher kommt das überhaupt? Die App funktioniert zwar schon für Vorschulkinder, die noch nicht lesen können, weil die Antworten auf Fragen beim Antippen vorgelesen werden; so richtig verstehen könnten es Kids dann aber wohl nur, wenn sie wirklich selbst lesen und das Gefühl haben, sich alles zu erarbeiten.

Rudi Regenbogen: In der Rudi Regenbogen App lernen Kinder spielerisch, wie das Wetter entsteht. Warum regnet es und wie entsteht ein Gewitter? Eigentlich wird nahezu alles in der App mit einer Off-Stimme gelesen, sodass sie auch für Kinder geeignet ist, die noch nicht lesen können. Die Kapitelübersichten werden jedoch leider einfach nur eingeblendet. Trotzdem eine tolle App, die das Wetter zur Entdeckungsreise macht. Pro-Tipp: Hier lernen auch Eltern eine Menge übers Wetter. Daumen hoch für die schönen Illustrationen!

Aumio: Die App Aumio bietet Meditationen, Yoga und Entspannung für Kinder. Die App ist in Zusammenarbeit mit der Freien Universität Berlin entstanden und setzt auf die mentale Gesundheit von klein auf. Es gibt für einen ersten Überblick einige Meditationen, Achtsamkeitsübungen und Traumreisen kostenfrei. Um jedoch alle Einheiten nutzen zu können, muss ein Abonnement gebucht werden. Mehr zum glücklichen Aufwachen und schwerelosen Einschlafen verraten die Macher auch bei Instagram unter @aumio_de. Übrigens: Einige Krankenkassen übernehmen mittlerweile sogar die Kosten für ein Aumio-Abonnement.

Splitter Critters: Bei diesem Spiel hilft man Mini-Monstern mit Wischbewegungen die Welt so zu verschieben, dass sie zurück in ihre Welt finden. Schließlich möchten die süßen kleinen Monster zurück in ihr Raumschiff.

King Of Karts: Bei der 3-D-Racing-App King Of Karts können Kinder im Multiplayermodus mit ihren Eltern oder Freunden gemeinsam spielen. Es gibt vier Schwierigkeitsstufen, sodass sich auch Anfänger gut steigern können.

Audio Adventure: Ein kreatives Tonstudio für Kinder. Hier können Podcasts oder Hörspiele erstellt und mit Geräuschen oder Musik hinterlegt werden. Erhältlich im Google Playstore sowie für Apple Smartphones.

Zzzebra: Zzzebra ist ein Onlinemagazin für Grundschüler. Es gibt viel zu entdecken und zum Nachmachen: Basteln, Kochen, Spielideen. Zu finden unter labbe.de.

GEOlino: GEOlino ist eine sehr gut aufbereitete Kinderseite zu News, Spielen, Basteln und Rezepten. Außerdem kann hier der GEOlino-Podcast gehört werden, den es aber natürlich auch bei allen anderen Podcast-Anbietern gibt.

Kindersache: kindersache.de ist ein Online-Nachrichtenportal für Grundschulkinder mit Themen-Schwerpunkten zu aktuellen Nachrichten, aber auch Spieletipps und Bastelideen. In der Rubrik »Kinderrechte« gibt es immer ein Thema des Monats kindgerecht aufbereitet.

Seitenstark: seitenstark.de ist ein Onlinemagazin mit vielen Themenschwerpunkten für Kinder zu den Bereichen Nachrichten, Musik, Wissen, Spielen. Auch werden hier gute Internetseiten für Kinder empfohlen.

Neuneinhalb: Das Reportermagazin für Kinder läuft immer samstags um 8.45 Uhr im Ersten, das Onlineangebot für Kids gibt's online rund um die Uhr hier: kinder.wdr.de/tv/neuneinhalb.

So geht Medien: Medienthemen für Kids & Teens aufbereitet: Von Rechten über Influencer bis hin zu Medienberufen und Co. Tipp: Die Rubrik »Stimmt das?«, die sich mit Fake News beschäftigt.

Podcasts für Kinder

Mira und das fliegende Haus: Mira und das fliegende Haus ist ein wunderschöner Podcast für Kinder. Die Themen sind Achtsamkeit, Gefühle, Selbstliebe, Nachhaltigkeit und vieles mehr. Den Podcast gibt es bei allen gängigen Anbietern sowie auf ihrer Website zum Download: mira-welt.de

Hafengeflüster: Hafengeflüster ist ein Entspannungs-Podcast für Kinder. Die Entspannungsideen kommen von Anna Osterloh und Kristin Perndl. Es gibt Podcasts zum Einschlafen, Podcasts für Zwischendurch, Eltern-Kind-Meditationen und Spezialfolgen zu bestimmten Themen. Für welches Alter die jeweiligen Folgen geeignet sind, geben die Macherinnen jeweils im Titel an.

Hitzefrei: Im Podcast Hitzefrei dreht sich alles ums Klima. Die Medienpädagogin Hannah Weber antwortet auf die Kinderfragen von Helen und Max. Sachlich fundiert recherchiert, gibt sie im Reportage-Stil detailliert und in verständlicher Sprache alles rund ums Klima an die Kinder weiter. Was ist das eigentlich, dieser Klimawandel? Muss man sich davor gruseln? Woher kommt er eigentlich? Und was hat er mit dem Wetter oder dem Wald zu tun?

KiRaKa: kiraka.de ist der Kinder-Radiokanal des WDR. Hier finden sich aktuelle, kindgerechte Nachrichten, Musikcharts, Buchtipps und mehr.

Die App »Radio TEDDY« ist mehr als nur Familienradio rund um die Uhr. Es gibt auch Musikplaylists zu bestimmten Themen: Balladen, Schlager, Party- oder Weihnachtslieder. Die Nachrichten sind für Kinder aufbereitet, in der Podcast-Reihe »Nachgefragt« lernen Kinder, wieso Flugzeuge fliegen können, wie der CD-Player funktioniert oder warum die Orange auch Apfelsine genannt wird.

Kakadu: kakadu.de ist das Kinderradio von Deutschlandfunk Kultur. Es gibt tolle Themenbeiträge, Geschichten und Kinderhörspiele für Grundschulkinder.

Tween Screen: Podcasts des MDR für Grundschüler und Teens, zu den Themen Internet, Medien und digitales Lernen. Die Reportagen zum Hören sind maximal dreißig Minuten lang.

Anna und die wilden Tiere: Die beliebte Fernsehsendung gibt es mittlerweile auch als Podcast. Die sympathische Anna nimmt ihre kleinen Hörerinnen mit in die Welt der Tiere, bereist verschiedene Kontinente und lädt zu vielen spannenden und informativen Abenteuern ein.

CheckPod: Auch Checker Tobi ist unter die Podcaster gegangen. Wie man es aus seinen Fernsehsendungen kennt, nimmt er sich spannende Themen vor und erörtert sie auf unterhaltsame Weise. Die Folgen sind circa zwanzig Minuten lang.

Suchmaschinen für Kinder

fragfinn.de: Eine Suchmaschine für Grundschulkinder, die es auch als App gibt. Sie bietet viel mehr als nur reine Suchangebote und Links zu kindgerechten Seiten. Kinder können hier auch Spiele entdecken und ihre Lieblingsangebote speichern.

Ecosia: ecosia.org empfehlen wir für Teenager als Alternative zu Google. Ecosia ist keine Kinder- oder Jugendsuchmaschine, wir haben in unseren Stichproben jedoch weniger sexistisches und pornografisches Material in den Suchergebnissen gefunden als bei Google.

Medienangebote für Jugendliche

@handy_crush: Der TikTok Kanal von KiKA und funk beschäftigt sich mit Medienkompetenz und richtet sich an 13- bis 15-Jährige. Moderiert wird der Kanal vom 19-jährigen Influencer Noel Dederichs. Der Kanal soll einen eigenständigen, kompetenten und kritischen Umgang mit dem Handy, Social Media & Co. fördern.

funk: Thematisch spricht das Angebot von ARD und ZDF ältere Teenager und junge Erwachsene an. Es gibt viele Reportagen und Dokumentationen unter www.funk.net oder unter @funk in den sozialen Netzwerken.

Die News-WG: Die News-WG des Bayerischen Rundfunks teilt in kurzen Sequenzen verschiedene politische Themen und ist für junge (und ältere) Erwachsene kurzweilig und interessant: @news_wg.

@un.logo: Der TikTok-Kanal vom ZDF macht News-Comedy für Teens. Die Journalistin und Schauspielerin Bianca Olek präsentiert aktuelle Themen mit erfundenen Charakteren und für *logo!* typischen Grafikvideos, um die Inhalte zielgruppengerecht (13-16 Jahre) zu vermitteln.

Heey Leonie: Leonie Schöler ist Journalistin und Historikerin und berichtet über vielfältige Themen auf ihrem TikTok-Kanal. Darunter auch: Rassismus und LGBTQ. Zu finden unter @heeyleonie.

Nachhaltiger Leben: @nachhaltigerleben bei TikTok beschäftigt sich mit Lebensmitteln, Verpackungen und allem, was schlecht fürs Klima ist.

nicetoknow: @nicetoknow ist ein Wissensangebot des WDR für Jugendliche und junge Erwachsene bei TikTok und greift aktuelle Themen auf.

Die Wissenschaftlerin: @DieWissenschaftlerin ist Biologie-Doktorandin und zeigt bei TikTok und Instagram kurze, informative Videos, meist direkt aus dem Labor.

nini_erklaert_politik: @nini_erklaert_politik ist ein Instagram-Kanal der Journalistin und Politikwissenschaftlerin Nina Poppel. Sie greift aktuelle Themen auf und erklärt diese einfach und sachlich.

Handysektor: Tipps rund um Smartphone und Internet, speziell für Jugendliche aufbereitet, liefert Handysektor, ein Angebot der LFK Baden-Württemberg. Handysektor findet sich über die Website, bei Youtube und auf dem Instagram-Kanal unter @handysektor.

Herr Anwalt: Tim Hendrik Walter ist bei Instagram, Youtube und TikTok einfach nur @herranwalt. Er klärt zum Beispiel über die Rechte von Schülerinnen und Schülern auf oder stellt Gesetzesänderungen vor. Kurzweilig und amüsant – nicht nur für Jugendliche.

DIE DA OBEN!: @die.da.oben ist ein Instagram-Kanal, der in leichter Sprache die deutsche Politik und die Arbeit im Bundestag erklärt.

Hilfe im Netz

Bei Ärger oder Kummer können sich Kinder, Jugendliche und Eltern im Internet anonyme Hilfe holen.

- @krisenchat.de Krisenchat hilft kostenlos und anonym rund um die Uhr bei Problemen, auch via WhatsApp
- @nummergegenkummer Die »Nummer gegen Kummer« hilft Kindern, Jugendlichen und Eltern bei Sorgen aller Art. Nur online oder telefonisch: www.nummergegenkummer.de
- @juuuport macht Onlineberatung für Kinder und Jugendliche, die Probleme mit Mobbing, WhatsApp-Stress oder andere Probleme haben
- @weisserring hilft Kriminalitätsopfern, auch bei Onlineschwierigkeiten

Im Kapitel »Cybergrooming« hatten wir Josefine Barbaric im Interview. Wenn Sie weitere Fragen zum Thema oder einen Verdachtsmoment haben: Das Hilfetelefon Sexueller Missbrauch steht für Fragen und Beratung unter 0800-22 55 530 kostenfrei und anonym zur Verfügung. Der gemeinnützige Verein »Nein, lass das! e. V.« ist unbedingt auf Unterstützung von Spenden angewiesen.

Spendenkonto Nein, lass das! e. V.
KSK Göppingen
IBAN: DE41 6105 00 00 0049 0817 43
BIC: GOPSDE6G

Das Internet kindersicher machen

Vertrauen, Dialog aber eben auch Wissen über Stolpersteine und Gefahren schützen unsere Minderjährigen und entspannen das Familienleben. Apps und Technologien können vieles – aber alle Herausforderungen lösen sie eben nicht. Ein paar Kniffe gibt es aber durchaus, die man für mehr Schutz im Netz anwenden kann. Wir fassen sie hier noch einmal zusammen.

- Testen Sie die Apps Ihres Kindes vorab selbst, das bringt den besten Überblick für die Mechanismen. Und wenn Ihr Kind bereits älter ist und Onlinegames spielt, spielen Sie einfach mal gemeinsam.
- Unterstützen Sie Ihr Kind bei allen Apps und Anwendungen bezüglich der Privatsphäre-Einstellungen.
- Checken Sie die App-Einstellungen bei Spielen: Gibt es eine Chatfunktion? Und wenn ja, lässt sich diese deaktivieren, damit das Kind nicht von Fremden angesprochen werden kann?
- Wenn Sie bei Videoinhalten auf Nummer sicher gehen wollen, empfehlen sich statt Youtube lieber Bezahl-Anbieter wie Netflix, Amazon Prime Video oder Disney+ mit einem extra angelegten Kinder-Account. Letzterer ist übrigens bei allen Plattformen ausgesprochen wichtig. Kinder-Accounts schützen vor Inhalten, die nicht für Kinder geeignet sind. Und dabei spielt es keine Rolle, ob ein Kind drei, sechs, neun, zwölf oder fünfzehn Jahre alt ist. Bei Netflix können beispielsweise für alle Kinder eines Haushalts eigene Profile angelegt und auf der Website – nicht innerhalb der App – konkrete Kindersicherungseinstellungen vorgenommen

werden. Wichtig ist die Vergabe einer PIN, die Altersfreigabe und auch die Einschränkung bestimmter Titel. Sie können im Profil Ihres Kindes bei Netflix ganze Filme und Serien blockieren, das kann durchaus hilfreich sein, klappt aber nur, wenn man die Einstellung-Seite von Netflix über den Webbrowser aufruft.

- Auch ohne Bezahl-Anbieter findet man gute Serien für Kinder: Die öffentlich-rechtlichen Programme bieten mit »ZDFtivi«, dem »ZDFchen« für die Kleinen oder dem »KiKA-Player« ausgesprochen gute Inhalte.
- Welche Filme oder Serien altersgerecht passend sind, erfahren Sie unter flimmo.de. Da hier mehr Faktoren als bei der FSK-Prüfung berücksichtigt werden, ist das Angebot unsere erste Wahl für Bewegtbild.
- Vorsicht beim Thema Altersempfehlungen: Die Angaben in den App-Stores sind lediglich ganz grobe Richtwerte, niemals aber pädagogische Empfehlungen. So wird derzeit zum Beispiel nicht geprüft, wie hoch das Risiko innerhalb einer App ist, dass Kinder von Fremden angechattet werden. Diese Interaktionsrisiken sind jedoch fundamental wichtig für den Schutz von Kindern.
- Legen Sie gemeinsam mit Ihrem Kind sichere Passwörter fest: Um Identitätsdiebstahl vorzubeugen, sollte nicht ein Passwort für alle Apps angelegt werden, sondern unterschiedliche Passwörter – am besten mit Merksätzen.
- Ältere Kinder und Teenager sollten nicht mit ihrem Klarnamen im Netz auftauchen, das empfiehlt sich für soziale Netzwerke aber auch für Onlinespiele. Nutzernamen sollten zudem ohne Orts-, Geschlechts- oder Altersangabe auskommen.
- Kinder jeden Alters sollten in sozialen Netzwerken ausschließlich private Accounts haben und keine Freundschaftsanfragen von Fremden annehmen.
- Vorsicht bei In-App-Käufen: In vielen Spiele-Apps werden Kinder permanent dazu verleitet, virtuelles Geld einzusetzen. Das aber wird tatsächlich von der Handyrechnung abgezogen. Damit

Ihr Kind nicht in solche Abo-Fallen tritt, aktivieren Sie den Passwortschutz für Käufe auf dem Gerät. Alternativ können Sie auch direkt bei Ihrem Mobilfunkanbieter eine Drittanbietersperre einrichten lassen.

- An Computern oder Laptops der Kinder lassen sich sichere Benutzerkonten für Kinder einrichten, also eigene Nutzer. Sowohl Windows also auch macOS haben eine integrierte Kindersicherungs-Software in den Einstellungen.
- Das Smartphone Ihres Kindes können Sie zusätzlich sichern, indem Sie eine Kinderschutzsoftware nutzen. »Family Link« von Google funktioniert bei Android oder alternativ, wenn die Eltern ein iPhone haben, das Kind aber ein Android-Gerät nutzt. Für die Nutzung von »Family Link« braucht es außerdem E-Mail-Adressen bei Google für Eltern und Kind, damit man alles einrichten kann. Sehr gut beschrieben sind die Funktionen unter families.google.com. »Family Link« ermöglicht Eltern unter anderem, dass die Apps des Kindes verwaltet werden können. Auch bekommen Eltern so ein gutes Gespür dafür, wo die digitalen Interessen des Kindes liegen. Das öffnet Türen für Gespräche und schafft die Möglichkeit, entsprechende Einstellungen in diesen Apps sicherer zu gestalten.
- Für Apple-Geräte empfehlenswert sind die Einstellungen »Bildschirmzeit« und »Familienfreigabe«. Wie auch bei Family Link sehen Eltern über die Familienfreigabe, an welchem Ort sich das Kind befindet. Kinder wollen das häufig nicht und fühlen sich überwacht, insofern sollten Familien die Nutzung mit dem Kind gemeinsam entscheiden und besprechen. Sowohl die Einstellung »Bildschirmzeit« als auch die Familienfreigabe erlauben Eltern einen Blick auf die Apps des Kindes. Eltern können dadurch freigeben, welche Apps Ihr Kind runterladen darf. Die »Bildschirmzeit« bei Apple findet sich in den Einstellungen des Smartphones. Sinnvoll sind hier auch die Funktionen, die den Zugriff auf anstößige Inhalte, Käufe und Downloads beschränken. Theoretisch kann

man auch Bildschirmzeiten eingeben und entscheiden, wie lange das Kind etwas nutzen darf.

- Auch Filterprogramme können zusätzlich vor ungeeigneten Seiten schützen. Die Verbraucherzentralen geben auf ihren Websiten hierzu Tipps. Anbieter sind zum Beispiel »SafeToNet« oder »JusProg«.
- Falls Sie mal nicht in der Nähe sind: Erklären Sie Ihrem kleinen Kind, wo es ein Spiel oder die geschaute Serie ausschalten kann, falls es Angst bekommt oder sich unwohl fühlt. Der Home-Button kann wunderbar als Notfallknopf etabliert werden.
- Notieren Sie sich von all Ihren Smartphones die IMEI-Nummer, damit die Geräte im Fall eines Diebstahls als gestohlen gemeldet werden können. Dazu einfach auf »WÄHLEN« gehen und *#06# in die Tastatur eingeben.
- Laden Sie sich die App »SiBa« runter. Sie warnt dank Sicherheitsbarometer vor aktuellen Sicherheitslücken und Hackerangriffen.
- Installieren Sie Kindersuchmaschinen: Für Grundschulkinder gibt es fragFINN auch als App fürs Smartphone, ältere Kids können anstatt Google zum Beispiel Ecosia nutzen.
- Suchen Sie den Dialog mit Ihren Kindern auch zu Digitalthemen. Das kann ein monatlicher Computertag sein, an dem sie immer etwas Neues im Netz entdecken, und natürlich das tägliche Gespräch. Fragen Sie beim Abendessen nicht nur, wie der Tag im Kindergarten, der Schule oder der Nachmittag mit Freunden war, fragen Sie auch, was Ihr Kind digital erlebt hat.
- Seien Sie Vorbild, wenn es um die Smartphone-Nutzung geht, aber erklären Sie Ihrem Kind auch, dass Eltern anders Zeit an Tablet und Smartphone verbringen. Dass Eltern daran manchmal arbeiten, ihre Zeitung lesen oder Einkaufen. Denn: Je öfter wir Eltern selbst im Netz unterwegs sind und digitale Medien nutzen, je häufiger unsere Kinder das sehen, desto eher wollen sie auch selbst online sein. Ja, wir haben da natürlich eine Vorbildfunktion, aber für Eltern gelten nun mal andere Regeln als für Kinder. Das kann man ihnen auch genau so erklären.

- Sensibilisieren Sie Ihre Kinder für die eigenen Fotos. Schauen Sie sich gemeinsam Bilder an, die Sie auf Ihrem Smartphone haben. Fragen Sie, welche gefallen und welche nicht und entscheiden Sie dann gemeinsam, welche Bilder wirklich an Oma, Opa oder Tanten gesendet werden. Kinder bekommen dadurch ein sehr gesundes Gespür für sich selbst und dafür, was man mit anderen teilt.
- Sprechen Sie mit Ihrem Kind über Werbung, denn gerade im Internet ist sie omnipräsent. Werbung ist schon ab dem Vorschulalter ein gutes Thema, an dem man Kindern beibringen kann, die Dinge zu hinterfragen und kritisch zu betrachten.
- Fördern Sie Ihr Kind im Digitalen und entdecken Sie gemeinsam Zukunftskompetenzen. Viele Anregungen hierfür finden Sie im ersten Teil dieses Buches. Erstellen Sie Podcasts, Stop-Motion-Videos, Poster oder Padlets oder programmieren Sie gemeinsam, damit Ihr Kind digitale Geräte auch als Werkzeuge kennenlernt.
- Führen Sie digitale Familienregeln ein. Regeln geben Kindern Sicherheit und Halt, sie funktionieren besser, je eher man sie etabliert.
- Legen Sie fest, an wen sich Ihr Kind bei Problemen im Netz wenden kann und welche Inhalte nicht öffentlich geteilt werden sollten.

Anregungen für digitale Familienregeln

Regeln geben Kindern Orientierung und Sicherheit. Und die digitalen Familienregeln heißen Familienregeln, weil sie für alle in der Familie gelten. Hier finden Sie Anregungen, die Sie für Ihre Familie übernehmen oder anpassen können:

ELTERNREGELN

- ○ Ich berate mein Kind bei Fragen rund um soziale Netzwerke und Apps, die es noch nicht kennt.
- ○ Ich sichere das Gerät meines Kindes, indem ich auf die Familienfreigabe (Apple) oder Family Link (Android) zurückgreife.
- ○ Ich bin ein gutes Vorbild und achte auf meine eigene Medienzeit.
- ○ Ich schlage in der Schule (Elternabend) vor, dass Themen wie Cybermobbing mit den Kindern besprochen werden.
- ○ Ich schlage in der Schule (Elternabend) vor, dass Regeln für den Klassenchat bei WhatsApp erarbeitet werden.
- ○ Ich bespreche mit meinem Kind, dass es im Netz auch kritische Inhalte gibt.
- ○ Ich schimpfe nicht mit meinem Kind, wenn es sich mit einem Problem am Handy oder im Internet an mich wendet.
- ○ Ich kläre mein Kind über In-App-Käufe auf.
- ○ Ich achte auf die Handyrechnung meines Kindes.
- ○ Ich stelle meinem Kind eine altersgerechte Suchmaschine ein.
- ○ Ich lese die Nachrichten meines Kindes nur mit seiner Erlaubnis.

- Ich unterscheide, ob mein Kind für die Schule das Handy, Tablet oder den Computer nutzen muss oder ob es eine Freizeitaktivität ist. Schulische Nutzungszeiten gehen nicht von der Medienzeit des Kindes ab.
- Ich kläre mein Kind über Kettenbriefe auf.

KINDERREGELN

- Ich lade mir Spiele oder Apps nur runter, wenn ich meine Eltern gefragt habe.
- Ich richte Spiele und Apps gemeinsam mit meinen Eltern ein.
- Ich nutze Nicknames, die meinen wahren Namen, Wohnort und Alter nicht erkennen lassen.
- Ich nutze sichere Passwörter und teile diese nur mit meinen Eltern.
- Wenn ich Hilfe bei Spielen oder Apps brauche, wende ich mich an meine Eltern.
- Ich spreche mit meinen Eltern, wenn jemand gemein zu mir ist.
- Ich sage einem Erwachsenen Bescheid, wenn ich von Fremden kontaktiert werde oder mir etwas Unangenehmes passiert.
- Ich beleidige niemanden am Handy oder in Spielen.
- Ich kann mich an meine Eltern wenden, wenn ich auf komische Videos oder Fotos stoße.
- Bevor ich etwas in einer App kaufe (Coins, Spielguthaben ...) frage ich meine Eltern.
- Ich verbreite Kettenbriefe nicht weiter.
- Ich versuche, mit dem monatlichen Guthaben auf dem Smartphone zurechtzukommen.
- Ich sichere mein Handy mit einem Code, den nur meine Eltern kennen.
- Ich teile meine persönlichen Daten (Handynummer, Wohnort, Name, Adresse, Geburtsdatum, E-Mail) nicht öffentlich im Internet.
- Ich teile meine persönlichen Daten (Handynummer, Wohnort, Name, Adresse, Geburtsdatum, E-Mail) nie mit Fremden im Internet.

- Ich mache nur bei Gewinnspielen mit, wenn ich vorher meine Eltern gefragt habe.
- Wenn mir jemand komische Fotos zuschickt, sage ich meinen Eltern sofort Bescheid.
- Ich teile meinen Standort bei Instagram, Snapchat, TikTok oder anderen Apps nicht.
- Ich sage keinem im Internet, auf welche Schule ich gehe.
- Ich darf keine Fotos aus dem Internet speichern und posten, weil mir diese Fotos nicht gehören.
- Ich darf keine Fotos von Freunden posten, ohne sie vorher gefragt zu haben.

TEENAGERREGELN

- Ich lade mir Spiele oder Apps nur runter, wenn ich meine Eltern gefragt habe.
- Ich richte Spiele und Apps gemeinsam mit meinen Eltern ein.
- Ich nutze Nicknames, die meinen wahren Namen, Wohnort und Alter nicht erkennen lassen.
- Ich nutze sichere Passwörter und teile diese nur mit meinen Eltern.
- Wenn ich Hilfe bei Spielen oder Apps brauche, wende ich mich an meine Eltern.
- Ich spreche mit meinen Eltern, wenn jemand gemein zu mir ist.
- Ich sage einem Erwachsenen Bescheid, wenn ich von Fremden kontaktiert werde oder mir etwas Unangenehmes passiert.
- Ich nehme keine Anfragen von Fremden in sozialen Netzwerken an
- Ich lehne ab, wenn ein Fremder mit mir bei Instagram, Snapchat, WhatsApp oder anderen Apps Bilder tauschen will.
- Ich blockiere Nutzer, die mich belästigen oder beleidigen.
- Ich beleidige niemanden am Handy oder in Spielen.
- Ich kann mich an meine Eltern wenden, wenn ich auf komische Videos oder Fotos stoße.
- Bevor ich etwas in einer App kaufe (Coins, Spielguthaben ...) frage ich meine Eltern, ob sie es erlauben.

- Ich verbreite Kettenbriefe nicht weiter, weil das verboten ist.
- Ich versuche, mit dem monatlichen Guthaben auf dem Smartphone zurechtzukommen.
- Ich sichere mein Handy mit einem Code, den nur meine Eltern kennen.
- Ich teile keine persönlichen Daten (Handynummer, Wohnort, Name, Adresse, Geburtsdatum, E-Mail) öffentlich im Internet.
- Ich teile meine persönlichen Daten (Handynummer, Wohnort, Name, Adresse, Geburtsdatum, E-Mail) nie mit Fremden im Internet.
- Ich sage keinem im Internet, auf welche Schule ich gehe.
- Ich mache nur bei Gewinnspielen mit, wenn ich vorher meine Eltern gefragt habe.
- Wenn mir jemand komische Fotos zuschickt, sage ich meinen Eltern sofort Bescheid.
- Ich erstelle keine Nacktfotos von mir.
- Ich verschicke keine Nacktaufnahmen.
- Ich weiß, dass es verboten ist, wenn mir jemand Nacktfotos schickt.
- Ich teile meinen Standort bei Instagram, Snapchat, TikTok oder anderen Apps nicht.
- Ich darf keine Fotos aus dem Internet speichern und posten, weil mir diese Fotos nicht gehören.
- Ich darf keine Fotos von Freunden posten, ohne sie vorher gefragt zu haben.

Dank

Liebe Leserinnen, liebe Leser,
wir freuen uns, wenn wir miteinander verbunden bleiben! Besuchen Sie unsere Internetseiten kinderdigitalbegleiten.de und anikaosthoff.de oder lassen Sie uns über Instagram Kontakt halten. Sie finden uns dort unter @kinderdigitalbegleiten und @anika.osthoff.

Schreiben Sie uns gerne und jederzeit, wie es Ihnen mit unseren Ideen ergeht. Oder teilen Sie Ihre Erfahrungen unter dem Hashtag #Begleitenstattverbieten. Wenn Sie mögen, schenken Sie uns doch eine Bewertung oder Rezension im Online-Buchhandel Ihres Vertrauens. Das würde uns sehr freuen!

Ihre
Leonie Lutz & Anika Osthoff

Und jetzt möchten wir noch ein Danke an unsere Kinder loswerden. Denn ohne euch wäre dieses Buch nicht entstanden.

Danke für eure kreativen Gedanken, eure mutige Neugier, fürs Mitmachen, Nachfragen, Ein- und Herausfordern und die vielen Ideen.

Ihr seid wunderbar.

Anmerkungen

1 https://icd.who.int/browse11/l-m/en#/http%3a%2f%2fid.who.int%2ficd%2fentity%2f1448597234, zuletzt aufgerufen am 6. Dezember 2021.

2 http://reports.weforum.org/future-of-jobs-2018/, zuletzt aufgerufen am 12. Dezember 2021.

3 Ulf Schönert und Martin Spiewak, Schlauer lernen, in: Zeit online vom 8. September 2021, https://www.zeit.de/2021/37/kuenstliche-intelligenz-schule-unterricht-lernen-software-brainix/komplettansicht, zuletzt aufgerufen am 12. Dezember 2021.

4 www.protechnicale.de/, zuletzt aufgerufen am 12. Dezember 2021.

5 medienkompetenzrahmen.nrw/, zuletzt aufgerufen am 12. Dezember 2021.

6 Die einzelnen Konzepte und weitere Materialien finden Sie auf dem Deutschen Bildungsserver unter dem Link https://www.bildungsserver.de/konzepte-und-portale-der-bundeslaender-2884-de.html#Baden_Wuerttemberg, zuletzt aufgerufen am 6. Dezember 2021.

7 Verena Pausder: Das neue Land. Wie es jetzt weitergeht!, MURMANN 2020, S. 47.

8 www.spieleratgeber-nrw.de/Minecraft.3093.de.1.html; https://education.minecraft.net/de-de/homepage, zuletzt aufgerufen am 12. Dezember 2021.

9 https://appcamps.de/2021/05/18/programmieren-mit-kindern-10-spannende-werkzeuge-fuer-die-grundschule/, zuletzt aufgerufen am 12. Dezember 2021.

10 www.test.de/presse/pressemitteilungen/Spiele-Apps-Kostenlose-Apps-oft-teuer-Daten-und-Kinderschutz-haeufig-inakzeptabel-5199794-0/, zuletzt aufgerufen am 12. Dezember 2021.

11 https://www.test.de/Spiele-Apps-im-Test-Alles-andere-als-kindgerecht-5197290-0/, zuletzt aufgerufen am 12. Dezember 2021.

12 www.bundesgesundheitsministerium.de/fileadmin/Dateien/5_Publikationen/Praevention/Berichte/Abschlussbericht_BLIKK_Medien.pdf, zuletzt aufgerufen am 12. Dezember 2021.

13 https://www.who.int/news/item/24-04-2019-to-grow-up-healthy-children-need-to-sit-less-and-play-more, zuletzt aufgerufen am 12. Dezember 2021.

14 https://www.kindergesundheit-info.de/themen/medien/alltagstipps/mediennutzung/hoechstdauer/, zuletzt aufgerufen am 7. März 2022.

15 https://www.mpfs.de/fileadmin/files/Studien/JIM/2020/JIM-Studie-2020_Web_final.pdf, zuletzt aufgerufen am 12. Dezember 2021.

16 https://de.statista.com/statistik/daten/studie/71251/umfrage/einsatz-von-social-media-durch-unternehmen/, zuletzt aufgerufen am 12. Dezember 2021.

17 https://www.wsj.com/articles/facebook-knows-instagram-is-toxic-for-teen-girls-company-documents-show-11631620739; u.a. berichtete die *Süddeutsche Zeitung* darüber: Simon Hurtz u.a.: Das steht in den »Facebook Files«, in: sueddeutsche.de vom 25. Oktober 2021, www.sueddeutsche.de/kultur/facebook-files-mark-zuckerberg-1.5448206, zuletzt aufgerufen am 6. Dezember 2021.

18 https://about.instagram.com/blog/announcements/using-research-to-improve-your-experience, zuletzt aufgerufen am 6. Dezember 2021.

19 https://twitter.com/xsarahleee/status/1447138143937904640, zuletzt aufgerufen am 6. Dezember 2021.

20 https://www.mpfs.de/fileadmin/files/Studien/KIM/2020/KIM-Studie2020_WEB_final.pdf, zuletzt aufgerufen am 6. Dezember 2021.

21 www.jugendmedienkultur-nrw.de/Wordpress2018/wp-content/uploads/2020/04/Discord-in-der-Kinder-und-Jugendarbeit_Statement-AJS-NRW-und-FJMK-NRW_27.04.2020.pdf, zuletzt aufgerufen am 6. Dezember 2021.

22 Daphne Bavelier: Your Brain on Video Games, TED-Talk (Juni 2012), www.ted.com/talks/daphne_bavelier_your_brain_on_video_games?language=de, zuletzt aufgerufen am 6. Dezember 2021.

23 www.who.int/news-room/questions-and-answers/item/addictive-behaviours-gaming-disorder, zuletzt aufgerufen am 6. Dezember 2021.

24 www.who.int/news/item/13-09-2018-public-health-implications-of-excessive-use-of-the-internet-and-other-communication-and-gaming-platforms, zuletzt aufgerufen am 6. Dezember 2021.

25 Thorsten Quandt: Wie Millionen Computerspieler zu Süchtigen erklärt werden sollen, in: sueddeutsche.de vom 17. Mai 2017, www.sueddeutsche.de/digital/computerspiele-und-psyche-wie-millionen-computerspieler-zu-suechtigen-erklaert-werden-sollen-1.3509072, zuletzt aufgerufen am 6. Dezember 2021.

26 https://www.fv-medienabhaengigkeit.de/fileadmin/images/Dateien/Positionspapier_Diagnostik.pdf, zuletzt aufgerufen am 6. Dezember 2021.

27 https://mein-mmo.de/neues-gesetz-fifa-als-jugendgefaehrdend-gelten/, zuletzt aufgerufen am 6. Dezember 2021.

28 https://www.mpfs.de/fileadmin/files/Studien/JIM/2020/JIM-Studie-2020_Web_final.pdf, zuletzt abgerufen am 12. Dezember 2021.

29 https://www.tk.de/presse/themen/praevention/medienkompetenz/studie-cybermobbing-2095164, zuletzt aufgerufen am 6. Dezember 2021.

30 www.minimenschlein.de/kinder-digital-begleiten/wir-haben-ein-riesiges-problem/, zuletzt aufgerufen am 6. Dezember 2021.

31 www.bka.de/DE/AktuelleInformationen/StatistikenLagebilder/PolizeilicheKriminalstatistik/PKS2020/pks2020_node.html, zuletzt aufgerufen am 6. Dezember 2021.

32 www.eukidsonline.ch, zuletzt aufgerufen am 6. Dezember 2021.

33 Alice Guldimann: Revidiertes Sexualstrafrecht soll nächstes Jahr im Parlament behandelt werden, in: Tagblatt vom 19. Oktober 2021,www.tagblatt.ch/news-service/inland-schweiz/strafrecht-revidiertes-sexualstrafrecht-soll-naechstes-jahr-im-parlament-behandelt-werden-ld.2202968, zuletzt aufgerufen am 6. Dezember 2021.

34 https://www.vodafone-stiftung.de/desinformation-jugend-coronakrise/, zuletzt aufgerufen am 6. Dezember 2021.

35 https://open.spotify.com/episode/0VgrvzMhlQOXMqBC2rioR2 Juli 2020, zuletzt aufgerufen am 6. Dezember 2021.

36 www.instagram.com/p/CUKxwJzrOkU/, zuletzt aufgerufen am 6. Dezember 2021.

Ein neuer Blick auf kleine Menschen

Der Blickwinkel der Evolution zeigt: Kinder haben gute Gründe für ihr Verhalten. Wenn wir wissen, wie Kinder sich von Natur aus entwickeln, können wir natürlicher mit ihnen umgehen.

KÖSEL
www.koesel.de